Genealogien des Bezeugens

»Substanz«

Laura Thyen

Genealogien des Bezeugens

Postmemoriale Verhandlungen der Shoah
bei Doron Rabinovici und Jenny Erpenbeck

Marta
press

Die Deutsche Bibliothek verzeichnet diese Publikation
in der Deutschen Nationalbibliografie.
Detaillierte bibliografische Daten sind im Internet abrufbar unter
http://dnb.d-nb.de

1. Auflage April 2018
© 2018 Marta Press UG (haftungsbeschränkt), Hamburg, Germany
www.marta-press.de
© Umschlaggestaltung: Niels Menke, Hamburg.
Printed in Germany.
ISBN 978-3-944442-74-7

Inhaltsverzeichnis

1 Einleitung

Dov Zedek, die Figur eines Überlebenden der Shoah aus dem Roman *Andernorts* von Doron Rabinovici, sagt an einer Stelle:
Ich, Dov Zedek, gehe zugrunde daran, daß Adolf Gerechter [sein früherer Name, den er auf der Flucht geändert hat] in mir an Kraft gewinnt und zu Recht Rache einfordert, weil er mir stellvertretend für alle anderen aus meiner Familie unentwegt die Frage stellt, weshalb ich noch lebe, und die einzige Antwort, die ich ihm und den anderen bieten kann, ist, daß ich ohnehin auch bald tot sein werde, und diese Zusicherung mag auch jene beschwichtigen, die nichts mehr hören wollen von den Juden und ihrem Leid, die murren, es möge endlich Schluß sein – nur Geduld, es wird nicht mehr lange dauern.[1]
Hier spricht Zedek das äußerst aktuelle Thema an, dass bald keine Zeitzeug_innen der Shoah mehr leben werden, welches mich dazu geführt hat, über Formen des möglichen Erinnerns und Bezeugens nachzudenken, und diese anhand einer literaturwissenschaftlichen Betrachtung einiger Texte dieses Autors und einer weiteren Autorin auszuloten, woraus dann das vorliegende Buch entstanden ist.
An anderer Stelle äußert sich dieselbe Figur zu dieser Thematik noch wie folgt: „Aber was, wenn wir nicht mehr sein werden? Wenn sie dann kommen, aus Dresden, Teheran und Tennessee, aus Wien oder Wilna, wird niemand von uns aufstehen,

---

[1]   Rabinovici, Doron: Andernorts. Suhrkamp: Berlin 2012, S. 74.

niemand mehr beglaubigen, was uns am eigenen Leib wieder-fuhr."[2] Mit „sie" sind hier junge Menschen (jüdischer Herkunft) gemeint, die sich über die Shoah informieren und ihrer Opfer ge-denken wollen. Hier zeigt sich der Körper als Erinnerungsträger und die damit verbundene Autorität der Überlebenszeug_innen[3], die darin besteht, etwas „am eigenen Leib" erfahren zu haben. Überlebende der Shoah können mit ihrem Körper für die Verbre-chen bürgen. Für alle anderen Menschen, die zur Zeit der Shoah noch nicht gelebt haben, stellt sich die Frage danach, wie erinnert werden kann und darf. Die Überlebenden haben eine priviligierte Position bezüglich Fragen des Gedenkens inne. Es stellt sich für Menschen meiner Generation die Frage, wie Erinnerung von Menschen gestaltet werden kann, die das Ereignis nicht miterlebt haben? Gleichzeitig wird hier schon deutlich, dass Erinnerung für die Nachkommen von Überlebenden eine besondere Bedeu-tung zu haben scheint. Es liegt daher nahe, zu denken, dass Erin-nerung innerfamiliär transgenerationell weitergegeben werden könnte. Doch ich frage mich, wie genau sich eine solche Weiter-gabe dann gestalten sollte, was hier daher auch Thema sein soll.

Der Psychoanalytiker Dori Laub, selbst auch Überlebender der Shoah, beschreibt die Schwierigkeiten des Bezeugens einmal mit folgenden Worten:

Der oder die Überlebende eines Traumas fürchtet dieses Wissen [über das Trauma], zieht sich darum zurück und neigt im

---

[2] Rabinovici: Andernorts, S. 51 f.
[3] Den Begriff des Überlebenszeugen bzw. der Überlebenszeugin habe ich von Sybille Schmidt übernommen. Dieser fasst m. E. die Spezifik dieser Form der Zeug_innenschaft am genauesten. Vgl. Schmidt, Sybille: Wissensquelle oder ethisch-politische Figur? Zur Synthese zweier Forschungsdiskurse über Zeugenschaft. In: Krämer, Sybille/Schmidt, Sybille/Voges, Ramon (Hg.): Politik der Zeugenschaft. Zur Kritik einer Wissenspraxis. Bielefeld 2011, S. 47–66 (hier S. 49 f. und v. a. S. 60–64).

Falle der Konfrontation dazu, sich zu verschließen. […] Schweigen ist für die Überlebenden des Traumas oft wie ein vom Schicksal verhängtes Exil, aber auch wie ein Zuhause. Es ist zugleich Bestimmungsort und ein bindender Eid. Aus diesem Schweigen *nicht* zurückzukehren, ist eher die Regel als die Ausnahme.[4]

Hier zeigt sich auf der einen Seite die Schwierigkeit einer Zeitzeug_innenschaft, auf der anderen Seite wird hier eine zentrale Problematik in Hinblick auf eine mögliche transgenerationelle Weitergabe von Erinnerung angesprochen. Es gestaltet sich für Überlebende der Shoah schwierig, Zeugnis abzulegen. Dadurch scheint es auch erschwert, so etwas wie Zeug_innenschaft an die nächste Generation weiterzugeben, besonders innerfamiliär: Kinder von Überlebenden sehen sich häufig mit Schweigen konfrontiert. Ganz abgesehen von den Schwierigkeiten, die sich für Kinder von Überlebenden durch transgenerationelle Traumatisierung ergeben können, bleibt noch die Frage, wie Erinnerung gesamtgesellschaftlich gestaltet werden könnte. Es wäre meines Erachtens fatal, die Aufgabe der Zeug_innenschaft allein Überlebenden und ihren Nachkommen zuzuschreiben und sie damit zu überverantworten. Gleichzeitig stellt sich für mich als nichtjüdische Person deutscher Staatsangehörigkeit jedoch auch die Frage, wie ich an die Shoah erinnern kann, ohne mir die Erinnerungen der Opfer und ihre Geschichten oder die Geschichten ihrer Nachkommen anzueignen.

Sowohl Doron Rabinovici als auch Jenny Erpenbeck verhandeln das Thema der Zeug_innenschaft sowie Erinnerung und Gedenken und deren (un-)mögliche transgenerationelle Weitergabe

---

[4] Laub, Dori: Zeugnis ablegen oder Die Schwierigkeiten des Zuhörens. In: Baer, Ulrich (Hg.): „Niemand zeugt für den Zeugen". Erinnerungskultur und historische Verantwortung nach der Shoah. Frankfurt a. M. 2000, S. 68–83 (hier S. 70).

immer wieder in ihren Romanen. Doron Rabinovici ist selbst Sohn von Überlebenden der Shoah und scheint so eine privilegierte Position hinsichtlich der Frage danach, wer gedenken darf, einzunehmen. Mit Jenny Erpenbecks Texten wird ein anderer Zugang zur Thematik deutlich, der vielleicht als Antwort auf die Forderung nach gesamtgesellschaftlicher Verantwortung hinsichtlich des Bezeugens gelesen werden kann. Aus diesen Gründen fand ich die Texte der beiden Autor_innen für das Thema von besonderem Interesse.

Die Texte verhandeln zum einen die Thematik einer Zeug_innenschaft, die durch die Spezifik einer Exilsituation zur Zeit der Shoah entstanden ist, denn in Texten beider Autor_innen treten Figuren auf, die ins Exil fliehen konnten, eine Situation die historisch per se die Möglichkeit der Zeug_innenschaft generierte. Zum anderen reflektieren die Texte auch unterschiedliche Schwierigkeiten sowie Möglichkeiten einer Zeug_innenschaft in der zweiten und dritten Generation Überlebender. Dabei stellt sich immer wieder die Frage, wer erinnern bzw. bezeugen kann und darf.

Die Analyse der Erzähltexte soll letztendlich auch der Frage nach den Möglichkeiten von Literatur hinsichtlich des Bezeugens der Shoah nachgehen. Gestaltet sich Literatur als mögliches Medium des Bezeugens? Wie kann Literatur bezeugen? Steht Literatur nicht im Gegensatz zum Wahrheitsanspruch eines Zeugnisses? Anhand der literarischen Texte werde ich also zu zeigen versuchen, inwieweit diese als Zeugnis fungieren und auf inhaltlicher Ebene das Thema der Zeug_innenschaft verhandeln und inwieweit dies Schlussfolgerungen über die Möglichkeiten von Literatur im Allgemeinen zulässt.

In einem ersten Gliederunsgpunkt beschäftige ich mich mit theoretischen Vorüberlegungen, die für das Verständnis der späteren Erzähltextanalyse von Bedeutung sein werden. Dabei wird es zum einen um den Themenkomplex der Zeug_innenschaft und deren theoretischen Implikationen gehen und zum anderen um das Konzept der ‚Postmemory'[5] nach Marianne Hirsch, das sich mit der Thematik einer Erinnerung an traumatischer Ereignisse befasst, die nicht selbst erlebt wurden, und zwar vor allem in Bezug auf Kinder von Überlebenden der Shoah, sowie um psychoanalytische Überlegungen zur Thematik einer transgenerationellen Traumatisierung.

Im Hauptteil werde ich dann die literarischen Texte hinsichtlich der angesprochenen Fragestellungen analysieren. Dabei werde ich zuerst die Texte von Doron Rabinovici und dann die von Jenny Erpenbeck behandeln, da mir dies inhaltlich sinnvoll erscheint und gleichzeitig der Chronologie entspricht, da *Suche nach M.* von Rabinovici den ältesten der zu behandelnden Texte darstellt.

In einem Fazit werde ich letztendlich die Forschungsergebnisse zusammenfassen und eventuell entwickelte Antworten auf die hier gestellten Fragen vorschlagen.

---

[5] Ich habe mich dazu entschieden, den Begriff der ‚Postmemory' im Englischen zu belassen, da ich mich auf das Konzept von Marianne Hirsch beziehe und diese es auf Englisch entworfen hat. Begriffe wie Post-/Nacherinnerung oder Post-/Nachgedächtnis scheinen die Tragweite des Konzept einer ‚Postmemory' nicht zu fassen. Vgl. Hirsch, Marianne: The Generation of Postmemory. Writing and Visual Culture After the Holocaust. New York 2012.

2 Theoretische Vorüberlegungen zum Themenkomplex der Zeug_innenschaft sowie zum Konzept der ‚Postmemory'

Zeug_innenschaft ist vor allem im Zusammenhang mit der Shoah seit den 1980er Jahren ein prominentes Thema in der (literatur-)wissenschaftlichen und interdisziplinären Forschung. Hier möchte ich nun verschiedene aktuelle Theorien in Hinsicht auf Shoah und Zeug_innenschaft vorstellen und Debatten nachzeichnen. Dabei liegt der Fokus darauf, dass das Bezeugen der ersten Generation Überlebender nicht die einzige Möglichkeit des Bezeugens ist und dass in Hinblick auf die sogenannte Krise der Zeug_innenschaft[6] die Generationen der Nachgeborenen eine zentrale Position einnehmen können. Es wird demnach keinen Überblick über Zeug_innenschaftstheorien jedweder Zeit geben, sondern es werden möglichst aktuelle Theorien der Zeug_innenschaft hinsichtlich ihrer Relevanz in Bezug auf die zweite und dritte Generation und eine mögliche transgenerationelle Weitergabe von Zeug_innenschaft ausgesucht und vorgestellt werden.

Dafür werde ich in einem weiteren Unterpunkt psychoanalytische Konzepte transgenerationeller Übertragung und Traumatisierung sowie das Konzept der ‚Postmemory' nach Marianne Hirsch vorstellen. Außerdem werde ich die Begrifflichkeiten der

---

[6] Vgl. Baer, Ulrich: Einleitung. In: Ders. (Hg.): „Niemand zeugt für den Zeugen". Erinnerungskultur und historische Verantwortung nach der Shoah. Frankfurt a. M. 2000, S. 7-31 (hier S. 13).

14

Generationalität sowie der Genealogie erläutern, da sie im Sprechen über die Thematik des vorliegenden Buches eine wichtige Rolle spielen.

2.1 Theorien der Zeug_innenschaft oder Die (Un-)Möglichkeiten des Bezeugens der Shoah

Hier wird es nun zunächst um Theorien der Zeug_innenschaft gehen. Ins Zentrum rückt dabei die Problematik eines Bezeugens der Shoah, das nicht so einfach möglich scheint. Diesem Aspekt der Zeug_innenschaft werde ich hier zunächst nachgehen.

Viele Denkversuche einer Zeug_innenschaft der Shoah beziehen sich auf Giorgio Agambens *Was von Auschwitz bleibt*.[7] Darin legt er umfassende Überlegungen zum Bezeugen von Auschwitz[8] dar, wobei er dies mithilfe einer Lektüre von Primo Levis Zeugnissen *Die Untergegangenen und die Geretteten*[9] sowie *Ist das ein Mensch?*[10] vollzieht. Agamben betrachtet Levi als perfektes Beispiel eines Zeugen,[11] was er an dessen Willen, zu

---

[7]   Agamben, Giorgio: Was von Auschwitz bleibt. Das Archiv und der Zeuge. Homo Sacer III [1998]. Frankfurt a. M. 2003.

[8]   Auschwitz steht hier und im weiteren stellvertretend für die gesamte Vernichtungsmaschinerie der Nationalsozialist_innen.

[9]   Levi, Primo: Die Untergegangenen und die Geretteten [1986]. München/Wien 1990.

[10] Levi, Primo: Ist das ein Mensch? Erinnerungen an Auschwitz [1958]. Erweiterte Neuausg. Frankfurt a. M. 1979.

[11] In Zitaten werde ich die Form verwenden, die sich auch im Original findet. Also werde ich auch in indirekten Zitaten von Zeugen und nicht von Zeug_innen sprechen, wenn dies auch im

zeugen, festmacht.[12] Er leitet dann die Begrifflichkeit des Zeugen etymologisch her:

> Das Lateinische verfügt über zwei Wörter, um den Zeugen zu bezeichnen. Das erste, *testis*, […] lässt sich etymologisch auf die Bedeutung „derjenige, der sich in einem Prozeß oder Streit als Dritter (*terstis*) zwischen zwei Parteien stellt". Das zweite Wort, *superstes*, bezeichnet denjenigen, der etwas erlebt hat, der ein Ereignis bis zuletzt durchgemacht hat und deswegen Zeugnis ablegen kann.[13]

Es ist also deutlich zu erkennen, dass *testis* die Art von Zeug_in meint, die dem juristischen Bereich zuzuordnen wäre: Das dazugehörige Zeugnis erhält seinen Wert durch einen Wahrheitsanspruch. *Superstes* hingegen scheint einen Zeugen oder eine Zeugin zu bezeichnen, der oder die etwas für Außenstehende nachvollziehbar und erlebbar machen möchte. Was das im Zusammenhang mit Überlebenden der Shoah bedeutet, benennt Agamben sofort am Beispiel von Levi:

> Offenkundig ist Levi kein Dritter; er ist in jedem Sinn des Wortes, *super-stes*, Über-stehender: Über-lebender und, als solcher, Zeuge. Das bedeutet aber auch, daß sein Zeugnis nicht der Feststellung der Tatsachen im Hinblick auf einen Prozeß dient (dazu ist es nicht neutral genug, ist kein *testis*).[14]

Demzufolge muss dem Zeugnis von Überlebenden keine Neutralität gegeben sein. Der Wert des Zeugnisses einer Person, die die Shoah überlebt hat, liegt damit gerade nicht in dessen Objektivität.

Agamben führt die seines Erachtens problematische Ansicht, Zeugnisse von Überlebenden müssten einer objektiven Wahrheit

---

Original so geschehen ist.
[12] Vgl. Agamben: Was von Auschwitz bleibt, S. 13.
[13] Agamben: Was von Auschwitz bleibt, S. 14 f.
[14] Agamben: Was von Auschwitz bleibt, S. 15.

entsprechen, auf die „stillschweigende Vermengung ethischer und juristischer Kategorien" zurück.[15] Er zeigt daraufhin, dass „[a]uch der Begriff der Verantwortung [...] hoffnungslos mit dem Recht vermischt" ist,[16] und plädiert für eine Ethik frei von juristischen Kategorien: „Die Ethik ist aber die Sphäre, die weder Schuld noch Verantwortung kennt [...]. Schuld und Verantwortung zu übernehmen – was manchmal notwendig sein kann – bedeutet, den Bereich der Ethik zu verlassen, um den des Rechts zu betreten."[17]

Diese Unterscheidung der Sphären passt zu der Typologie von Zeug_innen, die Aleida Assmann in einem Aufsatz vorschlägt.[18] Diese vier Grundtypen von Zeug_innenschaft führt sie ein, um die Besonderheiten der einzelnen aufzuzeigen, aber auch das Identifizieren und Analysieren von Mischformen zu ermöglichen.[19] Dabei geht sie von der Verbindung der Begrifflichkeiten der Zeug_innenschaft mit dem Holocaust aus und will den Diskurs dahingehend untersuchen.[20] Hier soll die Typologie ebenfalls angeführt werden, um das Besondere der Überlebenszeug_innen besser fassen zu können und zumindest auf theoretischer Ebene eine nötige Abgrenzung der unterschiedlichen Bereiche zu durchdenken. Assmann unterscheidet folgende vier Grundtypen: den juridischen Zeugen, den religiösen Zeugen, den historischen Zeugen und den moralischen Zeugen.[21]

---

[15] Agamben: Was von Auschwitz bleibt, S. 15.
[16] Agamben: Was von Auschwitz bleibt, S. 18.
[17] Agamben: Was von Auschwitz bleibt, S. 21.
[18] Vgl. Assmann, Aleida: Vier Grundtypen von Zeugenschaft. In: Elm, Michael/Kößler, Gottfried (Hg.): Zeugenschaft des Holocaust. Zwischen Trauma, Tradierung und Ermittlung. Frankfurt a. M. 2007, S. 33–51.
[19] Vgl. Assmann: Vier Grundtypen, S. 35.
[20] Vgl. Assmann: Vier Grundtypen, S. 33.
[21] Vgl. Assmann: Vier Grundtypen, S. 35, 37, 39, 41.

Der juridische Zeuge gehöre der Sphäre des Rechts an, diesen übersetzt sie mit dem lateinischen Wort *testi*.[22] Bei diesem Zeugen spielen folgende Voraussetzungen eine wichtige Rolle:

die Unparteilichkeit des Zeugen; seine unmittelbare sinnliche Wahrnehmung am Schauplatz der Gewalt; seine Zuverlässigkeit: die Unterstellung einer akkuraten Speicherung der Wahrnehmung im Gedächtnis bis zum Moment der Abrufung; seine Glaubwürdigkeit: durch die unter Eid gestellte Aussage wird eine absichtliche Täuschung erschwert.[23]

Eine Konfrontation der Überlebenszeugnisse mit ähnlichen Voraussetzungen muss zu einer Prekarisierung von diesen führen, da sie, wie Agamben gezeigt hat, nicht den gleichen Prämissen folgen und daher z. B. nicht objektiv bzw. unparteilich sein können. Einer solchen Prekarisierung soll mit einer Differenzierung, wie sie auch Agamben vorgenommen hat, entgegengewirkt werden.

Der religiöse Zeuge wird von Assmann mit dem griechischen Wort *martys* übersetzt.[24] Sie beschreibt diesen Typen wie folgt:

Der Märtyrer ist das Opfer einer politischen Gewalt, der er erliegt; aber er tut dies nicht, ohne an eine höhere religiöse Instanz zu appellieren und auf diese Weise den physischen Tod in einen symbolischen Akt umzukodieren. Aus dem „Sterben an" wird so ein „Sterben für".[25]

Dass hier eine Abgrenzung von Überlebenszeug_innen nötig ist, scheint offenkundig, da in dem Fall der Shoah eine religiöse oder überhaupt irgendeine Sinnzuschreibung problematisch wäre.[26]

---

22   Vgl. Assmann: Vier Grundtypen, S. 35.
23   Assmann: Vier Grundtypen, S. 36.
24   Vgl. Assmann: Vier Grundtypen, S. 37.
25   Assmann: Vier Grundtypen, S. 37.
26   Vor der Gefahr einer solchen Sinnzuschreibung warnt u. a. auch

Der historische Zeuge wird bei Assmann mit den Stichworten „Medien" und „Öffentlichkeit" eingeleitet.[27] Hierbei handele es sich um einen Augen- oder Ohrenzeugen, der als *superstes* ein Ereignis überlebt habe und somit das Bindeglied (*missing link*) zwischen dem Ort einer Katastrophe und den in Ort und Zeit entfernten Ahnungslosen darstelle. Assmann vergleicht den historischen Zeugen mit dem Boten der antiken und klassischen Tragödie. Aktuelle Beispiele seien Bildreporter und Journalisten, die keine unparteiischen Beobachter seien, sondern engagierte, für die Leidenden Partei ergreifende Zuschauer. Ein weiteres Beispiel seien die sogenannten Zeitzeugen.[28]

Dies leitet über zu den Zeitzeug_innen der Shoah – den Überlebenszeug_innen. Diese grenzt Assmann jedoch von den historischen Zeugen ab, denn „[d]iese Zeugnisse wiederum stellen ein historisches Novum dar und erfordern deshalb die Einführung eines *neuen* Typus, den des ‚moralischen Zeugen'."[29] Der Unterschied scheint also in der Position der Zeugin oder des Zeugen zu liegen: Während der „historische Zeuge" eine beobachtende Position inne hat, sind die „moralischen Zeugen" im Fall der Shoah in der Opferposition. Mit dem Begriff des „moralischen Zeugen" bezieht sich Assmann auf den israelischen Philosophen

---

Agamben, weshalb er auch den Begriff des Holocaust ablehnt: „Dieser Ausdruck [Holocaust] schließt nicht nur einen unannehmbaren Vergleich von Krematorien und Altären ein, sondern auch eine von Anfang an antijüdisch gefärbte Bedeutungsgeschichte. Ich werde ihn deswegen niemals benutzen. Wer ihn weiterhin verwendet beweist Unwissen oder Mangel an Sensibilität oder beides." Agamben: Was von Auschwitz bleibt, S. 28.

[27] Vgl. Assmann: Vier Grundtypen, S. 39.
[28] Vgl. Assmann: Vier Grundtypen, S. 39–41.
[29] Assmann: Vier Grundtypen, S. 41.

19

Avishavi Margalit.[30] Dieser Typ, so Assmann, habe Züge von allen anderen Zeugen in sich aufgenommen, unterscheide sich jedoch gleichzeitig von ihnen allen grundlegend.[31] Assmann führt das folgendermaßen aus:

Mit dem religiösen Zeugen hat der moralische Zeuge gemeinsam, dass er die Rolle des Opfers und des Zeugen in sich vereinigt. Was ihn allerdings vom Märtyrer unterscheidet, ist, dass er nicht durch sein *Sterben,* sondern durch sein *Überleben* zum Zeugen wird. Als Überlebender (*superstes*) wird er wiederum in erster Linie zum Sprachrohr und Zeugen für die, die nicht überlebt haben […]. Das Zeugnis des moralischen Zeugen steht deshalb […] nicht (nur), wie das des juridischen Zeugen, im Zeichen der *Anklage*, sondern auch im Zeichen der *Toten-Klage*. Die Klage als Form des Zeugnisses hat wenig mit der buchhalterischen Genauigkeit des juridisch geforderten Zeugnisses gemein und schließt gerade auch das Schweigen als das Nicht-sprechen-Können mit ein.[32]

Assmann hebt hier noch einmal die Unterscheidung vom „juridischen Zeugen" hervor. Es geht bei dem „moralischen Zeugen" der Shoah also in vielfacher Form nicht um das Wiedergeben von Fakten, sondern immer auch um die Dinge, die nicht gesagt werden können, über die nur geschwiegen werden kann. Demnach ist das Schweigen ebenfalls als Teil des Zeugnisses zu sehen, was ein wichtiger Aspekt auch in Hinblick auf die hier noch zu tätigende Erzähltextanalyse sein wird.[33]

---

30 Margalit entwickelt den Typus eines „moral witness". Vgl. Margalit, Avishavi: The Ethics of Memory. Cambridge 2002, S. 147–182.
31 Vgl. Assmann: Vier Grundtypen, S. 41.
32 Assmann: Vier Grundtypen, S. 42.
33 Ebenfalls von Bedeutung ist die Abgrenzung vom „religiösen Zeugen". Diese führt Assmann auch noch weiter aus, indem sie

Diese Typologie ähnelt demnach Agambens Trennung der Sphäre der Ethik von der des Rechts. Es ist noch wichtig, festzuhalten, dass diese Trennung nicht bedeutet, dass keine Verantwortung übernommen werden kann. Agamben weist vielmehr auf eine Verantwortung hin, „die unendlich viel größer ist als jede, die wir je übernehmen könnten. Wir können ihr höchstens treu sein, d. h. auf ihrer Unübernehmbarkeit bestehen."[34] Agamben richtet sich damit gegen den Gedanken, Verantwortung für die Getöteten übernehmen zu können, um somit irgendeine Schuld auszugleichen. Er schließt diese Begriffe einfach aus dem Denken um bzw. nach Auschwitz aus.

Andree Michaelis weist jedoch in einem Aufsatz, der 2011 erscheinen ist, nach, dass es zunächst der juristische Diskurs war, der das Sprechen mit und über Augenzeugen der Shoah bestimmt habe.[35] In seinem Aufsatz geht er der Frage nach, wie es historisch zu einer Akzeptanz und Zusprache von Autorität und Authentizität der Überlebenden und somit Augenzeugen im Sinne von *superstes* gekommen sei und was genau das für Bedeutungen

---

schreibt, dass „der moralische Zeuge nicht eine positive Botschaft bezeugt, wie die Macht eines überlegenen Gottes, für den es sich zu sterben lohnt." Assmann: Vier Grundtypen, S. 42. Sie schreibt weiterhin Folgendes: „Ihre negative Botschaft hat deshalb nicht das Zeug zur Sinnstiftung und damit auch nicht zu einer fundierenden Geschichte, auf die sich Gemeinschaften gründen lassen." Assmann: Vier Grundtypen, S. 42. Damit verwehrt sie eine jede religiöse Deutung der Shoah, die ebendieser Sinn zuschreiben würde.

[34] Agamben: Was von Auschwitz bleibt, S. 18.
[35] Vgl. Michaelis, Andree: Die Autorität und Authentizität der Zeugnisse von Überlebenden der Shoah. Ein Beitrag zur Diskussionsgeschichte der Figur des Zeugen. In: Krämer, Sybille/Schmidt, Sybille/Voges, Ramon (Hg.): Politik der Zeugenschaft. Zur Kritik einer Wissenspraxis. Bielefeld 2011, S. 265–284 (hier S. 269).

einschließe. Dabei geht er davon aus, dass die heute herrschende Akzeptanz der Überlebenden mühsam errungen worden sei.[36] Aus der Auseinandersetzung mit juristischen Prozessen gegen NS-Verbrechen folgert er, dass „das System des Rechts [...] sich als inkompatibel mit dem [erweist], was die Zeugnisse Überlebender leisten können und wollen, nicht zuletzt, weil es sich zu weigern scheint, ihre Authentizität als Beweiskraft gelten zu lassen".[37] Michaelis weist dann unmittelbar auch auf die Zugehörigkeit der Begriffe wie Schuld und Verbrechen zum juristischen Diskurs hin, weshalb sich über die Shoah gar nicht reden lasse, ohne den juristischen Diskurs in irgendeiner Weise zu zitieren.[38] Auch damit beruft er sich implizit auf Agamben und betont die Wichtigkeit der Bewusstmachung dieser Zitation.

2.1.1 Zum Verhältnis von ‚primärer' und ‚sekundärer' Zeug_innenschaft

Assmann schreibt dem moralischen Zeugen des Weiteren die Eigenschaft zu, dass er auf einen sekundären Zeugen angewiesen sei.[39] Die Vorstellung sekundärer und primärer Zeug_innenschaft ist also von besonderem Interesse für das Verständnis von Überlebenszeugnissen. Dieses Konzept und die damit einhergehenden Implikationen will ich hier kurz darlegen.

Assmann schreibt dazu Folgendes: „Ohne die Aufnahme der Botschaft des moralischen Zeugen wäre sein Überleben, das ihm

---

36   Vgl. Michaelis: Die Autorität und Authentizität, S. 268.
37   Michaelis: Die Autorität und Authentizität, S. 273.
38   Vgl. Michaelis: Die Autorität und Authentizität, S. 273.
39   Vgl. Assmann: Vier Grundtypen, S. 42.

die zwingende Verpflichtung zur Zeugenschaft auferlegte, sinnlos geworden."[40] Auch Ulrich Baer schreibt in einem von ihm
herausgegebenen Sammelband über Zeug_innenschaft, dass eine
Aussage erst dadurch zu einem Zeugnis werde, dass sich der
Zeuge oder die Zeugin in seiner oder ihrer Erzählung an einen
anderen oder eine andere richte. Zeugnisse zeichnen sich laut
Baer dadurch aus, dass Zeug_innen von ihrem Publikum eine
Antwort verlangen würden. Diese Forderung verhalle ungehört,
wenn niemand zuhören wolle oder könne.[41] Baer schreibt weiterhin Folgendes:

Es geht um die Verpflichtung und die Möglichkeit „für den
Zeugen zu zeugen"[42], indem wir auf die in jedem Zeugnis enthal-
tene Aufforderung zum Zuhören und zur Antwort dadurch reagieren, daß wir für die Wahrheit der bezeugten Erfahrung mit-
verantwortlich werden.[43]

Baer geht hier also gerade von einer Verantwortlichkeit auf
Seiten der Zuhörenden aus. In dem Zusammenhang verwendet
Baer dann auch den Begriff der „sekundären Zeugenschaft"[44].

---

40 Assmann: Vier Grundtypen, S. 42.
41 Vgl. Baer: Einleitung, S. 7.
42 Der Titel des Sammelbandes „*Niemand zeugt für den Zeugen*"
    geht auf das Gedicht *Aschenglorie* von Paul Celan zurück, das mit
    diesen Worten endet. Vgl. Baer: Einleitung, S. 7.
43 Baer: Einleitung, S. 7.
44 Baer: Einleitung, z. B. S. 15. Baer gelangt über die sekundäre
    Zeug_innenschaft schließlich zur Neudenkung des „Primats der
    Authentizität": „Geht man von einem Primat der Zeugenschaft
    aus, so setzt man voraus, daß Augenzeugenberichte glaubhafter als
    Nacherzählungen sind [...]. Sobald man die Mithilfe an und die
    aktive Aufnahme der Zeugenschaft so versteht, daß jemand „für
    die Zeugen zeugt" und für die Wahrheit dessen, was man nicht
    selbst erlebte, eine Verantwortung übernimmt, droht der
    Unterschied zwischen authentischer Erfahrung und vorgestelltem
    Leid, zwischen geschichtlicher Wahrheit und konstruierter

Für Assmann besteht die Bedeutung der sekundären Zeug_innenschaft ebenfalls in der Annahme eines Appells an die Hörenden:

Indem der Zeuge und die Zeugin für ihr Zeugnis außerhalb des Gerichts Gehör finden, bringen sie performativ und interaktiv eine moralische Gemeinschaft hervor [...]. Sie entsteht allein

---

Nacherzählung, zwischen Realität und Rhetorik, zwischen Fakt und Fiktion zu schwinden." Baer: Einleitung, S. 14. Es zeigt sich also, dass die sekundäre Zeug_innenschaft, ein mögliches Zeugen für die Zeug_innen, das Baer so wichtig ist, dazu führen muss, dass die Bedingungen der Authentizität neu gedacht werden. Denn wenn nur die Aussagen von Zeitzeug_innen als authentisch betrachtet würden, könnte es bald keine authentischen, lebendigen Zeugnisse außerhalb von Archiven und Museen mehr geben. Baer kommt demnach zu dem Schluss, dass „sich die Bedeutung von Authentizität mit dem Wesen der Zeugenschaft verändert". Baer: Einleitung, S. 16. Er beschreibt diese Veränderung folgendermaßen: „Die Frage, wer das Recht auf die Echtheit und Glaubwürdigkeit einer Aussage beanspruchen kann – wer beispielsweise die extremen Erlebnisse von Opfern darstellen oder wiedergeben darf, die sich der Erfahrung selbst entziehen –, findet ihre Antwort darin, daß Authentizität sich nicht in der Zeugenaussage lokalisieren lässt. Die Wahrheit der Zeugenaussage [...] entsteht und existiert vielmehr nur in und durch ihre Mitteilung; ohne ein Gegenüber, ohne eine zuhörende Person, kann eine Aussage nicht zum Zeugnis werden. [...] Authentizität kann folglich nicht mehr so verstanden werden, als „gehöre" sie den Augenzeugen [...]. Authentizität ereignet sich vielmehr erst durch die Mitteilung des Zeugnisses an andere." Baer: Einleitung, S. 16. Es zeigt sich also vor allem die dialogische Struktur von Zeugnissen, welche die sekundäre Zeug_innenschaft wiederum zu einem konstitutiven Element macht, was bedeutet, dass Baer zufolge authentische Zeugnisse nur möglich sind, wenn es eine Person gibt, die für die Zeugin oder den Zeugen zeugt und somit die Position der sekundären Zeugenschaft einnimmt. Damit wird diese stark aufgewertet.

24

dadurch, dass an sie appelliert wird. Erst durch Einbeziehung dieses Dritten (*terstis*), des unbeteiligten Adressaten, entsteht jene Appellationsinstanz, die das Zeugnis ermöglicht, indem die Geschichte des Opfers Gehör findet und sein Zeugnis bezeugt wird.[45]

In dieser Konstitution einer moralischen Gemeinschaft, die aufgrund eines Zeugnisses entstehen soll und wiederum für das Zeugnis konstitutiv scheint, schwingt ein großes Potenzial mit, das Assmann so einem Zeugnis zuschreibt. Es wird zu untersuchen sein, inwieweit dies in der Literatur verhandelt wird. Dieses Potenzial begründet ebenfalls eine Verantwortung, auf die Zeugnisse einzugehen. Die Zuhörenden, die sekundären Zeug_innen, bezeichnet Assmann hier als *terstis*. Interessant ist, dass Assmann aus dieser angenommenen Möglichkeit einer Konstituierung einer moralischen Gemeinschaft außerdem einen Appell an die nachfolgenden Generationen ableitet, indem sie ihren Aufsatz mit folgenden Worten schließt:

Zeugen ist und bleibt eine Handlung, die auf Vervielfältigung und Wiederholung angelegt ist; einmal ist hier keinmal. Es wird also auf die nachfolgenden Generationen ankommen, ob sich die Menschheit durch die Wucht der niedergelegten Zeugnisse auf Dauer als eine moralische Gemeinschaft konstituieren wird. Dafür müssen sie weiterhin Gehör finden. Es muss also weiterhin Zeugen geben, die für den Zeugen zeugen.[46]

Hier zeigt sich zum einen die Wichtigkeit, die Assmann der sekundären Zeug_innenschaft der zweiten oder dritten Generation zuspricht. Zum anderen zeigt sich, dass sie die moralische Gemeinschaft aller Menschen und nicht nur der Überlebenden und ihrer Nachkommen als noch umzusetzendes Ziel betrachtet,

---

[45] Assmann: Vier Grundtypen, S. 45.
[46] Assmann: Vier Grundtypen, S. 49.

was bedeutet, dass es Aufgabe aller ist, Erinnerung zu gestalten. Um dieses Ziel zu erreichen, wird es weiterhin nötig sein, Zeugnisse abzulegen, auch wenn es keine Augenzeug_innen mehr geben wird. Die Frage nach den Möglichkeiten einer Zeug_innenschaft in den nachfolgenden Generationen drängt sich hier wiederum auf. Es wird zum einen zu analysieren sein, ob es sich bei den Erzähltexten um Zeugnisse solcherart handelt und zum anderen, wie eine solche Zeug_innenschaft in den Texten verhandelt wird.

Auch Dori Laub beschäftigt sich mit dem Phänomen der sekundären Zeug_innenschaft. Er argumentiert in seinem Aufsatz, der ebenfalls in dem von Baer herausgegebenen Sammelband erschienen ist und in dem er sich vor allem mit Aspekten der Traumatisierung der Überlebenden und den damit einhergehenden Schwierigkeiten der Zeug_innenschaft auseinandersetzt, der Zuhörer übernehme für den Zeugen wiederum die Funktion eines Zeugen.[47] Damit hebt auch Laub die Bedeutung eines Zuhörers bzw. einer Zuhörerin hervor. Er geht sogar so weit, zu sagen, dass sich „[m]it der Vernichtung der Erzählung, die *keinen Zuhörer* findet, […] die Vernichtung des Überlebenden" wiederhole.[48] Zeug_innenschaft kann es demnach nur geben, wenn zugehört wird. Es kann auch, dadurch dass keiner zuhört, eine (Re-)Traumatisierung ausgelöst werden. Laub weist jedoch auch auf die Gefahr der Retraumatisierung durch das Ablegen eines Zeugnisses hin.[49] Prozesse der (Re-)Traumatisierung müssen also immer mitgedacht werden, wenn es um das Bezeugen der Shoah geht. Dass dies auch für nachfolgende Generationen gelten muss, drängt sich auf. Baer stellt diesbezüglich fest,

---

[47]   Vgl. Laub: Zeugnis ablegen, S. 69.
[48]   Laub: Zeugnis ablegen, S. 77.
[49]   Vgl. Laub: Zeugnis ablegen, S. 76.

daß die Möglichkeit, Zeugnis abzulegen, durch die extrem traumatischen Erfahrungen der Shoah selbst zumindest teilweise zunichte gemacht wurde. Die Zeuginnen und Zeugen legen Zeugnis ab von eigenen Erfahrungen, die ihnen paradoxerweise oft selbst nicht gänzlich zur Verfügung stehen, deren Ursprung nicht immer klar ist und die sie möglicherweise nicht verstehen.[50]

In diesem Zusammenhang spricht Baer dann auch von der „Krise der Zeugenschaft"[51], wobei er die sekundäre Zeug_innenschaft, also die Zeug_innenschaft durch unbeteiligte Personen oder Nachgeborene, als Chance sieht, dem entgegenzuwirken:

Diese sekundäre Form der Zeugenschaft, wenn sie nicht usurpatorisch die Erfahrungen von anderen vereinnahmt, sondern durch das Ablegen des Zeugnisses Verantwortung *mit* den Zeuginnen und Zeugen teilt, wäre eine Antwort auf die Gefahr einer zweiten Traumatisierung dieser Zeugen."[52]

Damit liegt viel Verantwortung und gleichzeitig auch Potenzial bei den Hörenden, die als sekundäre Zeug_innen dann wiederum „für den Zeugen zeugen" können. Er beschreibt diese sekundäre Zeug_innenschaft des Weiteren wie folgt: „Damit die Wahrheit der extrem traumatischen Erfahrung ans Licht gelangt, benötigen Augenzeugen eine Art der Zuhörerschaft, die sich als *sekundäre Zeugenschaft*, als Zeugenschaft durch Vorstellungskraft [...] verstehen lässt."[53] Hier hebt Baer also erneut die Rolle der Hörenden hervor, die eine quasi therapeutische Funktion einnehmen, wenn es darum gehen soll, traumatische und auch verdrängte Erinnerungen hervorzuholen und zu besprechen. Interessant ist in diesem Zusammenhang auch die Verwendung des Begriffs der Vorstellungskraft: Die sekundären Zeug_innen haben

---

[50] Baer: Einleitung, S. 10.
[51] Baer: Einleitung, S. 13.
[52] Baer: Einleitung, S. 17.
[53] Baer: Einleitung, S. 11.

das zu bezeugende Ereignis aufgrund einer zeitlichen oder räumlichen Distanz selbst nicht erlebt und können selbst nur ein vermitteltes Zeugnis ablegen. Baer hebt des Weiteren hervor, dass die „Zeuginnen und Zeugen als Gedächtnisträger jedoch singulär und nicht zu ersetzen sind"[54] und erwähnt die „Grenzen und Risiken dieser Form der *sekundären* Zeugenschaft".[55] Dieses Konzept eröffnet offenkundig Möglichkeiten, eine Zeug_innenschaft späterer Generationen zu denken, nämlich als ein Zeugen für die Überlebenden, ohne dass Überlebenszeugnisse ersetzt werden könnten. Der Dialogcharakter des Bezeugens stellt demnach eine Möglichkeit dar, einen transgenerationellen Austausch und eine Weitergabe der Zeugnisse und Erinnerungen zu eröffnen.

In Zusammenhang mit dieser Konstruktion der primären und sekundären Zeug_innenschaft, ist auch von Bedeutung, dass das Anhören eines Zeugnisses nach Baer wiederum traumatisierend wirken kann. Baer weist darauf hin, „daß auch sekundäre Zeugenschaft eine Überforderung sein kann; daß die Zeuginnen und Zeugen zwar von einem Gegenüber entlastet werden können, doch daß diese schmerzliche Aufgabe für dieses Gegenüber dann ebenso unerträglich ist."[56] Ebenso konstatiert Cathy Caruth in einem Aufsatz, der in demselben Sammelband erschienen ist, die „Gefahr der Ansteckung".[57] Damit meint sie ebenfalls die Traumatisierung derer, die den Zeug_innen zuhören. Das alles wirft wiederum die Frage nach einer möglichen Zeug_innenschaft

---

[54]   Baer: Einleitung, S. 11.
[55]   Baer: Einleitung, S. 11.
[56]   Baer: Einleitung, S. 25 f.
[57]   Caruth, Cathy: Trauma als historische Erfahrung. Die Vergangenheit einholen. In: Baer, Ulrich (Hg.): „Niemand zeugt für den Zeugen". Erinnerungskultur und historische Verantwortung nach der Shoah. Frankfurt a. M. 2000, S. 84–98 (hier S. 91).

nachfolgender Generationen auf, da sich die sekundäre Zeug_in-
nenschaft späterer Generationen hier mit einer sekundären Traumatisierung verknüpft zeigt. Es stellt sich also die Frage, wie
diese Zeug_innenschaft dennoch stattfinden kann. Caruth hebt zu
dieser Frage hervor, dass das Zuhören gleichzeitig die einzige
Möglichkeit des Zugangs und der Übermittlung sei.[58]

Christian Schneider äußert in einem Aufsatz zum Thema
Trauma und Zeugenschaft Kritik an Laubs (und somit auch an
Baers) Ausführungen.[59] Diese gilt vor allem der Aussage Laubs,
„die eine Nicht-Existenz von Wissen, Verständnis und Erinnerung behauptet".[60] Schneider bewertet dies wie folgt: „Der Oh-
renzeuge wird zum Erlöser des Augenzeugen, der in der
Laub'schen Version gewissermaßen geblendet ist. Auf dieser
problematischen Konstruktion beruht das Konzept der sekundären Zeugenschaft."[61] Es zeigt sich also, dass Schneider dieses
Konzept deswegen ablehnt, weil es die Überlebenszeug_innen
abwerte. Im Grunde kritisiert Schneider also, dass dieses Konzept „offenkundig von Mystifikation bedroht" ist.[62] Er interessiert sich jedoch für das Konzept als ein transgenerationelles:

---

[58] Vgl. Caruth: Trauma, S. 91.
[59] Vgl. Schneider, Christian: Trauma und Zeugenschaft. Probleme
      des erinnernden Umgangs mit Gewaltgeschichte. In: Elm,
      Michael/Kößler, Gottfried (Hg.): Zeugenschaft des Holocaust.
      Zwischen Trauma, Tradierung und Ermittlung. Frankfurt a. M.
      2007, S. 157–175.
[60] Schneider: Trauma, S. 164. Dazu Laub: „Die Person, die dem
      Trauma zuhört, muß sich bewußt sein, daß der Überlebende, der
      Zeugnis ablegt, kein vorheriges Wissen, kein Verständnis und
      keine Erinnerung an das hat, was geschehen ist." Laub: Zeugnis
      ablegen, S. 69.
[61] Schneider: Trauma, S. 164.
[62] Schneider: Trauma, S. 165.

Denn die sekundären Zeugen gehören nicht nur aus kontingenten Gründen den jüngeren Generationen an, sondern zum Konzept der zweiten Zeugenschaft zählt bewusst der Erfahrungstransfer samt einer spezifischen Generationendynamik. Es geht dabei darum, wie eine bestimmte Botschaft über die Lebenszeit derer, die sie verbreiten, hinausreichen kann.[63]

Es geht also um die transgenerationelle Weitergabe von Erinnerung und Zeug_innenschaft, die ihm durch die sekundäre Zeug_innenschaft möglich scheint. Dabei stellt sich Schneider vor allem die Frage nach der Sprecher_innenposition der sekundären Zeug_innen: „Als wer oder was wird der ‚sekundäre Zeuge' sprechen, wenn es die wirklichen Zeugen nicht mehr gibt?"[64] Wichtig ist, dass für ihn die Augenzeug_innen die „wirklichen Zeugen" darstellen. Es schwingt demnach die Frage mit, wie für die Augenzeug_innen gesprochen werden kann, wenn diese nicht mehr leben. Dies ist auch eine zentrale Frage dieses Buches und sie wird an die Erzähltexte zu stellen sein.

Schneider geht dann der Frage nach, wie jemand sich als sekundärer Zeuge oder als sekundäre Zeugin qualifizieren kann. Dabei ist besonders interessant, wie er diesen Qualifikationsvorgang beschreibt:

Der Initiationsprozess zum sekundären Zeugen ist ein Archaismus, der in überraschender Weise den Doppelsinn des Wortes aufdeckt: „Zeugen" meint in seiner basalsten Bedeutung Filiation. Zeugen heißt Nachkommen schaffen, eine Genealogie begründen. Eben darum geht es im Konzept des sekundären Zeugen.[65]

---

[63] Schneider: Trauma, S. 166.
[64] Schneider: Trauma, S. 166.
[65] Schneider: Trauma, S. 171.

Es geht für Schneider also tatsächlich darum, wie die Zeug_innen der Shoah ihre Zeugnisse an ihre Nachkommen weitergeben und die Erinnerung somit fortzeugen sowie erzeugen. Es geht ihm um die Doppelbedeutung des Wortes Zeugen, was zweierlei bedeuten kann: (1) ein Ereignis bezeugen; Zeugnis ablegen von den Ereignissen; (2) ein Kind zeugen; Nachkommen zeugen. In dem Wort Zeugen schwingen also immer beide Bedeutungsdimensionen mit. Für Schneider ist also das „Konzept der Zeugenschaft im Kern ein transgenerationelles".[66]

Alles in allem lässt sich festhalten, dass dem Konzept der sekundären Zeug_innenschaft die Vorstellung einer originären Zeug_innenschaft zugrunde liegt. Die Begriffe der primären und der sekundären Zeug_innenschaft bewegen sich von daher also keinesfalls in einem hierarchiefreien Raum. Primo Levi, auf den sich Agamben in seinen Ausführungen bezieht, schreibt an einer Stelle seines autobiografischen Zeugnisses *Die Untergegangenen und die Geretteten* Folgendes zur Selbsteinordnung als Zeitzeuge:

Ich wiederhole: Nicht wir, die Überlebenden, sind die wirklichen Zeugen. Das ist eine unbequeme Einsicht, die mir langsam

---

[66] Schneider: Trauma, S. 172.

bewußt geworden ist [...]. Vielmehr sind sie, die „Muselmänner"[67], die Untergegangenen, die eigentlichen Zeugen, jene, deren Aussage eine allgemeine Bedeutung gehabt hätte.[68]

Demnach sind die Überlebenden nach Levi bereits als sekundäre Zeug_innen zu betrachten. Agamben teilt diese Anschau-
ung. Er geht in seiner Analyse umfangreich der Bedeutung der
‚Muselmänner' für die Zeug_innenschaft nach und hebt dabei
immer wieder die Mittelbarkeit der Zeugnisse durch die Überlebenden hervor. Er zeigt anhand seiner Ausführungen über den
‚Muselmann', dass dem Zeugnis immer eine Lücke innewohne,
welche den Sinn des Zeugnisses selbst in Frage stelle und somit
auch die Glaubwürdigkeit der Zeugen und Zeuginnen.[69]

Normalerweise legt der Zeuge im Namen von Wahrheit und
Gerechtigkeit Zeugnis ab [...] Doch hier beruht die Gültigkeit
des Zeugnisses wesentlich auf dem, was ihm fehlt; in seinem

---

[67]   Der Begriff ‚Muselmann' kommt nach Agamben aus dem
        Lagerjargon. Vgl. Agamben: Was von Auschwitz bleibt, S. 36.
        Auch Schoschana Rabinovici, die Mutter von Doron Rabinovici
        erklärt den Begriff in ihrem autobiografischen Text *Dank meiner
        Mutter*, in dem sie über ihr Überleben der Shoah als Kind
        berichtet, so: „Muselmänner nannte man diejenigen, die die
        Hoffnung verloren hatten, die es aufgegeben hatten zu kämpfen
        und gleichgültig auf ihr Ende warteten. Muselmänner legten sich
        in eine Ecke des Hofes oder des Blocks, verloren allmählich das
        Bewußtsein und starben. Die ganze Zeit im Ghetto und im Lager
        hatte meine Mutter immer wieder gesagt, daß man sich nicht
        vernachlässigen dürfe, man müsse kämpfen und immer daran
        glauben, daß das Leid einmal vorbeigehen werde. Wenn man
        aufgab, war es schade um das Leiden, das man bereits
        ausgestanden hatte. Man müsse auf sein Aussehen achten und
        dürfe nicht zum Muselmann werden." Rabinovici, Schoschana:
        Dank meiner Mutter [1991]. Frankfurt a. M. 1994, S. 165.
[68]   Levi: Die Untergegangenen und die Geretteten, S. 83 f.
[69]   Vgl. Agamben: Was von Auschwitz bleibt, S. 29.

Zentrum enthält es etwas, von dem nicht Zeugnis abgelegt werden kann, ein Unbezeugbares, das die Überlebenden ihrer Autorität beraubt. Die „wirklichen" Zeugen, die „vollständigen Zeugen" sind diejenigen, die kein Zeugnis abgelegt haben und kein Zeugnis hätten ablegen können. Es sind [...] die Muselmänner, die Untergegangenen. Die Überlebenden – Pseudo-Zeugen – sprechen an ihrer Stelle, als Bevollmächtigte: sie bezeugen ein Zeugnis, das fehlt. [...] Die Untergegangenen haben nichts zu sagen und keine Anweisungen oder Erinnerungen weiterzugeben. [...] Wer es übernimmt, für sie Zeugnis abzulegen, weiß, daß er Zeugnis ablegen muß von der Unmöglichkeit, Zeugnis abzulegen. Das aber verändert entscheidend den Wert des Zeugnisses [...][70]

Das hebt die Hierarchisierung von primärer und sekundärer Zeug_innenschaft auf, es lässt diese Kategorien im Grunde verschwinden, da nach dieser Argumentation jedwede Zeug_innenschaft von Überlebenden bereits sekundär wäre: Es wäre dem Überlebenszeugnis, dem Zeugnis des *superstes*, inhärent immerschon sekundäres Zeugnis zu sein, und zwar ein Zeugnis davon, dass die „wirklichen Zeugen" kein Zeugnis mehr ablegen können. Das Zeugnis der Überlebenden ist in dem Sinne immer schon ein „Zeugen für den Zeugen". Dabei geht es Agamben nicht um eine Abwertung der Zeugnisse der Überlebenden, sondern einfach darum, dass die Shoah als solche nicht restlos zu bezeugen ist; es wird immer etwas fehlen, ein unbezeugbarer Rest bleiben. Dennoch spricht Agamben den Überlebenszeug_innen eine gewisse Autorität zu, welche er wie folgt beschreibt:

---

[70] Agamben: Was von Auschwitz bleibt, S. 30.

Genau deswegen, weil das Nicht-Menschliche und das Menschliche, [...] der Muselmann und der Überlebende nicht zusammenfallen, weil zwischen ihnen eine untrennbare Teilung besteht, kann es Zeugnis geben. Gerade insofern das Zeugnis [...] das Stattfinden einer Potenz zu sagen nur durch eine Impotenz bezeugt, hängt seine Autorität nicht von einer faktischen Wahrheit ab [...]. *Die Autorität des Zeugen besteht darin, daß er einzig im Namen eines Nicht-Sagen-Könnens sprechen kann, d. h. darin, daß er Subjekt ist.* [...] Weil es das Zeugnis nur dort gibt, wo eine Entsubjektivierung stattfand – deswegen ist der Muselmann tatsächlich der vollständige Zeuge, deswegen ist es nicht möglich, den Muselmann vom Überlebenden zu trennen.[71]

Das heißt, dass das Zeugnis von den Überlebenden für die ‚Muselmänner‘ abgelegt wird und werden muss, worin dann auch die Autorität des Zeugnisses liegt und nicht etwa in der faktischen Wahrheit. Die Überlebenden können Zeugnis ablegen, indem sie zum Subjekt des Zeugnisses werden: Als solches sind sie mit denjenigen verbunden, die nicht zum Subjekt werden können, weil sie untergegangen sind, wie Levi es ausdrückt.

Agamben führt in diesem Zusammenhang noch einen dritten Terminus ein, der im Lateinischen die Vorstellung der Zeugenschaft ausdrücke: *auctor*: „[S]o bedeutet *auctor* den Zeugen, insofern sein Zeugnis immer etwas voraussetzt – ein Faktum, eine Sache oder ein Wort –, das vor ihm da ist und dessen Wirklichkeit und Gültigkeit beglaubigt oder bestätigt werden muß.“[72] Hier zeigt sich also erneut, dass der Zeuge oder die Zeugin eine Autorität besitzt, die sich sehr wohl auf eine faktische Wirklichkeit bezieht, sowie die Überlebenden die Shoah als historisches Ereignis erlebt und überlebt haben und sie deshalb, wenn auch nicht

---

[71]   Agamben: Was von Auschwitz bleibt, S. 137 f.
[72]   Agamben: Was von Auschwitz bleibt, S. 130.

restlos, bezeugen können. Doch Agamben ergänzt um folgende Worte:

Ein Akt des Autors, der beanspruchte, von selbst gültig zu sein, wäre Unsinn, so wie das Zeugnis des Überlebenden Wahrheit und Existenzberechtigung nur dann besitzt, wenn es das Zeugnis dessen vervollständigt, der nicht Zeugnis ablegen kann […] so sind Überlebender und Muselmann untrennbar und einzig ihre Einheit-Differenz konstituiert das Zeugnis.[73]

Das Zeugnis konstituiert sich also für Agamben in dem „Zeugen für den Zeugen" der Überlebenden für die Getöteten und durch diesen Sachverhalt erlangt das Überlebenszeugnis seine Autorität. Für Agamben manifestiert sich das Zeugnis also zwischen Überlebenden und ,Muselmann', während für Baer sich das Zeugnis im Zwischenraum von Bezeugenden (hier: Überlebenden) und Hörer_innen konstituiert, was jeweils unterschiedliche Auswirkungen auf die Vorstellungen der Dichotomie primär vs. sekundär sowie der Authentizität hat.

Geoffrey Hartman, der einen Aufsatz in dem von Baer herausgegebenen Sammelband veröffentlicht hat, versucht ebenfalls das Konzept der sekundären Zeug_innenschaft anders zu denken. Er schlägt den Begriff der „intellektuellen Zeugenschaft" vor.[74] Damit bezeichnet er „eine aktive Rezeption […], die für uns heute ebenso wie für die Zukunft relevant ist und eine bestimmte Gemeinschaft und Öffentlichkeit als Ganzes mit gleicher Kraft anzusprechen vermag."[75] Er beschreibt die Rolle eines intellektuellen Zeugen wie folgt:

---

[73] Agamben: Was von Auschwitz bleibt, S. 131.
[74] Hartman, Geoffrey: Intellektuelle Zeugenschaft und die Shoah. In: Baer, Ulrich (Hg.): „Niemand zeugt für den Zeugen". Erinnerungskultur und historische Verantwortung nach der Shoah. Frankfurt a. M. 2000, S. 35–52 (hier S. 36).
[75] Hartman: Intellektuelle Zeugenschaft, S. 36.

Als Nachfahre von Adam Smiths „unparteiischen Betrachter" („impartial spectator")[76] spielt der Intellektuelle eine ähnliche Rolle wie der unbeteiligte Zuschauer („bystander") *nach dem Ereignis*, der es aus einer mehrdeutigen Position beobachtet. Einerseits ist er nicht verpflichtet, der Shoah Beachtung zu schenken, da er sich fern von diesem Geschehen aufhält oder von ihm erst nachträglich erfährt. Andererseits verhält er sich, sobald er den Vorgang vernommen hat und nicht handelt, wie ein Beobachter, der zu reagieren versäumte.[77]

Bei dem intellektuellen Zeugen oder der intellektuellen Zeugin handelt es sich also um eine Person, die sich entweder in räumlicher oder in zeitlicher Trennung zum Ereignis, das bezeugt wird, befindet. Dies trifft selbstverständlich auch auf Nachgeborene zu. Allerdings sind beispielsweise Nachkommen von Überlebenden keinesfalls unparteiisch: Es scheint ihnen nicht zur Wahl zu stehen, ob sie der Shoah Beachtung schenken wollen oder nicht, weil sie durch familiäre Beziehungen zu eng mit ihr verbunden sind. Jedoch gibt Hartman an, er untersuche die „Möglichkeiten der intellektuellen Zeugenschaft sowohl derjenigen, welche die NS-Zeit nicht direkt miterlebt haben, als auch der Überlebenden, deren Schriften bemerkenswert und beispielhaft sind."[78] Demnach scheint Überlebenden und ihren Kindern die Möglichkeit der intellektuellen Zeugenschaft gegeben zu sein. Es handelt sich – so Hartmann – hier um eine Form der freiwilligen Zeug_innenschaft als eine Art Arbeit,[79] was bedeutet, dass auch diese Form nicht einfach ist, dass sie nicht ohne Anstrengung abläuft. Gleichzeitig könne der Akt des Bezeugens

---

[76] Smith, Adam: Theorie der ethischen Gefühle. Hamburg 1994, Teil 2. Zitiert nach: Hartman: Intellektuelle Zeugenschaft, S. 38 f.
[77] Hartman: Intellektuelle Zeugenschaft, S. 39.
[78] Hartman: Intellektuelle Zeugenschaft, S. 36.
[79] Vgl. Hartman: Intellektuelle Zeugenschaft, S. 39.

nicht ohne eine gewisse Hoffnung auf eine generationsübergreifende Weitergabe stattfinden.[80] Hartman versucht hier also offensichtlich Möglichkeiten des Erinnerns und Bezeugens nachfolgender Generationen auszuloten. Die Kategorie des intellektuellen Zeugen bzw. der intellektuellen Zeugin bietet für ihn die Chance „für den Zeugen zu zeugen" und im Sinne von Baer Verantwortung zu übernehmen, auch noch mit beträchtlichem zeitlichen Abstand zu der Shoah.[81] Gleichzeitig scheint dieses Konzept einen Versuch darzustellen, Formen des Bezeugens auszuloten, die nicht zu einer sekundären oder tertiären Traumatisierung bei den Hörer_innen führen müssen.

Wie gezeigt werden konnte, impliziert das Verständnis von einer sekundären Zeug_innenschaft häufig eine Hierarchisierung, die z. T. problematisch und dekonstruierbar ist. Sind nicht alle Überlebenden immer-schon sekundäre Zeug_innen für diejenigen, die gestorben sind? Es hat sich aber gezeigt, dass das Zuhören von besonderer Bedeutung ist und die Zuhörenden wiederum zu Zeug_innen macht, was die Gefahr einer sekundären Traumatisierung mit sich bringt. Gleichzeitig bietet das Konzept sekundärer Zeug_innenschaft Möglichkeiten, Zeug_innenschaft nachfolgender Generationen zu denken.

2.1.2 Trauma, Nachträglichkeit und Zeug_innenschaft

Aus den Ausführungen Laubs über die (Re-)Traumatisierung der Zeug_innen und den damit einhergehenden Schwierigkeiten des Bezeugens, wie der Tatsache, dass sich ein Bewusstsein über das erlebte Ereignis erst im Akt des Erzählens und dem ebenso

---

80 Vgl. Hartman: Intellektuelle Zeugenschaft, S. 51.
81 Vgl. Hartman: Intellektuelle Zeugenschaft, S. 52.

wichtigen Akt des Hörens entwickle,[82] geht auch hervor, dass dem Zeugnis eine gewisse Nachträglichkeit inhärent ist. Erst zu einem Zeitpunkt, zu dem das traumatische Ereignis bereits vergangen ist, kann das Zeugnis aus der dialogischen Situation heraus entstehen.

Diese Nachträglichkeit ergibt sich einerseits aus der Struktur des Zeugnisses, andererseits aber auch aus der Struktur des Traumas. Caruth legt die Struktur eines traumatischen Ereignisses wie folgt fest:

Zum Zeitpunkt seines Geschehens wird das Ereignis nicht vollständig ins Bewußtsein eingelassen oder in seiner Ganzheit erfahren. Das Geschehene wird statt dessen erst später wirklich erfahren, und zwar dadurch, daß die traumatisierte Person aufs neue von ihm *in Besitz genommen* wird.[83]

Die Strukur des Überlebenszeugnisses liegt also in der Struktur des Traumas begründet. Das traumatische Ereignis wird erst in seiner Ganzheit erfahren, wenn es bezeugt wird – und der Zeuge oder die Zeugin dabei erneut *in Besitz genommen* wird. Caruth beschreibt dies weiterhin wie folgt:

Das Erlebnis des Traumas, die Tatsache der Latenz[84], beinhaltet also nicht das Vergessen einer Realität, die nie vollkommen begriffen werden kann, sondern eine dem Erlebnis selbst von Anfang an innewohnende Verzögerung. [...] Es ist diese dem Ereignis eigene Latenz, die paradoxerweise die merkwürdige zeitliche Struktur – die Nachträglichkeit – der historischen Erfahrung erklärt: Da das traumatische Ereignis nicht während

---

82   Vgl. Laub: Zeugnis ablegen, S. 68.
83   Caruth: Trauma, S. 85.
84   Freud bezeichnet die Zeitspanne zwischen einem traumatischen Ereignis und seinen späteren Folgen als „Latenz". Vgl. Freud, Sigmund: Der Mann Moses und die monotheistische Religion [1939]. Frankfurt a. M. 1975, S. 75–80.

seines Geschehens erfahren wurde, wird es an einem Ort und zu einem Zeitpunkt völlig erkennbar, die nicht dem Ort und Zeitpunkt des ursprünglichen Geschehens entsprechen.[85]

Da das bezeugende Gespräch über das Ereignis an einem Ort und zu einem Zeitpunkt stattfindet, der mit dem des Ereignisses nicht identisch ist, kann sich das Trauma während des Bezeugens materialisieren. Es ist also zu erkennen, dass Trauma und Zeugnis hier als unentwirrbar miteinander verknüpft gezeigt werden, was eben auch in der Struktur der Nachträglichkeit begründet liegt, die beiden Phänomenen inhärent ist. Gleichzeitig schreibt Caruth, dass diese grundsätzliche Verlagerung – also die zeitliche Verschiebung, die Nachträglichkeit – Zeugnis sei sowohl für das Ereignis, als auch für die Unmöglichkeit des direkten Zugangs zu ihm.[86] Die Struktur des Traumas, die sich in seiner Nachträglichkeit manifestiert, ist als solche bereits Zeugnis für das traumatische Ereignis. Gleichzeitig zeigt sich diese Struktur besonders deutlich im Bezeugen des Ereignisses, zumindest, wenn mit Laub davon ausgegangen wird, dass sich erst in diesem Bezeugen ein volles Wissen um das Ereignis entwickelt.

Es ist aber nicht nur die Struktur des Traumas, die bewirkt, dass ein Zeugnis in der Nachträglichkeit hervorgebracht wird. Csongor Lőrincz entwickelt einige Gedanken zur Nachträglichkeit von Zeugnissen in seiner 2016 erschienenen Monographie *Zeugnisgaben der Literatur*.[87] Darin schreibt er: „Das Zeugnis als Nachleben, als das Strukturmoment eines Überlebens, bedeutet nicht bloß eine zeitliche Nachträglichkeit, sondern dass es *nach* der Handlung kommt, weswegen der Zeuge im strukturellen

---

[85]   Caruth: Trauma, S. 89.

[86]   Vgl. Caruth: Trauma, S. 90.

[87]   Lőrincz, Csongor: Zeugnisgaben der Literatur. Zeugenschaft und Fiktion als sprachliche Ereignisse. Bielefeld 2016.

Sinne auch als die Figur des Dritten gelten kann."[88] Nach Lőrincz ist der Zeuge hier also *testis*, der Dritte (*terstis*), und gleichzeitig *superstes*, Überlebender; und genau das Überleben eines Ereignisses ist es, was die Möglichkeit des Zeugnisses generiert und die Nachträglichkeit in sich trägt. Nur weil jemand überlebt hat, kann er oder sie Zeugnis ablegen und befindet sich damit in einer zeitlichen Nachträglichkeit: Erst nach dem Überleben eines Ereignisses kann Zeugnis abgelegt werden, wobei das Über aus Überleben hier schon auf das Nach der Nachträglichkeit hindeutet. Dass dieses Nach nicht nur zeitlich gemeint ist, führt Lőrincz an anderer Stelle noch weiter aus. Da heißt es:

Das Zeuge-Sein bedeutet nicht nur sein Überleben, sondern auch eine Teilnahme, ein Affiziertsein des Zeugen durch einen singulären Tatbestand bzw. ein Ereignis oder eine Erfahrung. Gleichzeitig hat der Zeuge als Bezeugender diese Erfahrung in gewisser Weise schon im Voraus hinter sich, zumindest trennt ihn irgendeine – zeitliche, kognitive, emotionale usw. – Differenz von ihr, auf jeden Fall existiert er in Bezug auf sie in einer Art Nachträglichkeit, ja Verspätung […] (selbst dann, wenn z. B. die traumatische Wirkung dieser Erfahrung ihn in der Gegenwart erreicht). Diese Nachträglichkeit oder dieses Überleben ist nicht einfach eine Kategorie der Zeit, sondern sie bzw. es entspricht der Singularität des Ereignisses, insofern dieses in identischer Form nicht reproduzierbar ist, es bedeutet viel eher eine untilgbare Zäsur, dergegenüber jedes Leben, jede Existenz, jede Erfahrung sich nur als Nachträglichkeit, als Nachleben manifestieren kann. Ja, die Erfahrung des Bezeugten wird nur *von* dieser Nach-

—

88   Lőrincz: Zeugnisgaben, S. 13.

träglichkeit *her* zu dem, was sie ist, also zum Ereignis, zur Erfahrung zur Affektion, welche bezeugt werden sollen (auch die Nachträglichkeit affiziert gleichsam den Zeugen).[89]

Das bedeutet, dass die Shoah eine Zäsur darstellt und als singuläres Ereignis zu betrachten ist. Alles, was danach kommt, ist von der Shoah betroffen, davon betroffen, dass es *nach* Auschwitz geschieht. Dies bezeugt auch der von Adorno geprägte Ausspruch eines ‚Nach Auschwitz‘[90], bei dem es ebenfalls nicht nur um die zeitliche Dimension des *Nach* geht. Detlev Claussen schreibt in einem Aufsatz, in dem er sich mit Adornos Theorien auseinandersetzt, Folgendes zu diesem Topos: „Das Leben nach Auschwitz erfährt sich als ein beschädigtes, das zur Selbstreflexion zwingt. [...] In der Tat: Auschwitz affiziert alles, was nach ihm kommt."[91] Adorno hat in diesem Zusammenhang auch einen neuen kategorischen Imperativ im Sinne Kants formuliert, dessen Notwendigkeit er in der Shoah selbst sieht: „Hitler hat den Menschen im Stande ihrer Unfreiheit einen neuen kategorischen Imperativ aufgezwungen: ihr Denken und ihr Handeln so einzurichten, daß Auschwitz sich nicht wiederhole, nichts Ähnliches geschehe."[92] Es ist also so, dass es seines Erachtens keine andere Möglichkeit gibt für ein Leben ‚nach Auschwitz‘. Diese Implikation erklärt Claussen genauer, wenn er schreibt, dass „Adorno [...] den Imperativ nach dem Ende der bürgerlichen Entwicklung, die zu einer weltgeschichtlichen Katastrophe

---

[89] Lőrincz: Zeugnisgaben, S. 28 f.
[90] Vgl. Adorno, Theodor W.: Negative Dialektik. Jargon der Eigentlichkeit [1966]. In: Ders.: Gesammelte Schriften, hg. v. Rolf Tiedemann, Bd. 6. Frankfurt a. M. 1973, S. 354–358.
[91] Claussen, Detlev: Nach Auschwitz. Über die Aktualität Adornos. In: Köppen, Manuel (Hg.): Kunst und Literatur nach Auschwitz. Berlin 1993, S. 16–22 (hier S. 16).
[92] Adorno: Negative Dialektik, S. 358.

geführt hat[, formuliert]. Ihm geht etwas voraus, das erinnert werden muss: Auschwitz."[93] Der Imperativ beinhaltet die Aufforderung, zu erinnern. Gleichzeitig ist dieses Erinnern für Adorno die einzige Möglichkeit für ein Fortleben.

Lőrincz hebt des Weiteren die Bedeutung der Entscheidung hervor, die zu einem Zeugnis führt. Diese bringt er wiederum in Verbindung mit der Nachträglichkeit:

Gleichzeitig geschieht das alles [das Bezeugen und die Entscheidung, zu bezeugen] radikal nachträglich, das Bezeugen ergibt sich im Vergleich zum Bezeugten immer in der Verschiebung, der Differenz (was die Bedeutung von „superstes" betont, oder: Entscheidung und Nachträglichkeit, „testis" und „superstes" stehen im wechselseitigen Bezug zueinander).[94]

Wichtig ist, dass für Lőrincz der Begriff *testis* vor allem auf die dem Zeugnis innewohnende Entscheidung für das Zeugnis verweist. Laut Lőrincz ist diese jedoch jedem Zeugnis inhärent, wenn sie sich auch in der Nachträglichkeit manifestiert, weshalb man auch nicht von einer Intentionalität ausgehen könne.[95] Es ist hier also wichtig, dass die Entscheidung für das Zeugnis konstitutiv ist, sich aber erst im Prozess des Zeugnis-Gebens entfaltet. Das ist mit der wechselseitigen Bedingung von Entscheidung und Nachträglichkeit gemeint.

Mit der Position des *testis* meint Lőrincz hier auch, dass der Zeuge oder die Zeugin sich selbst zum bzw. zur Dritten wird:

Der Zeuge selbst wird hier [in der Entscheidung] sogar *verdoppelt* […], das Zeuge-Werden […] berührt nämlich nicht den Zeugen als integres, einheitliches Subjekt, sondern den Zeugen in ihm selbst, der dadurch als Zeuge konstituiert wird […]. Der

---

93   Claussen: Nach Auschwitz, S. 18.
94   Lőrincz: Zeugnisgaben, S. 14.
95   Vgl. Lőrincz: Zeugnisgaben, S. 14

Zeuge ist also gleichsam auch für sich selbst ein Dritter, die Entscheidung spaltet ihn, eine testimoniale Differenz schreibt sich in den Zeugen ein.[96]

Mit der testimonialen Differenz ist gemeint, dass das Zeugnis immer das Fehlen eines Zeugnisses bzw. dessen Unmöglichkeit bezeuge, dass es also supplementären Charakter habe,[97] was wiederum einen Bezug zu Agamben herstellen lässt. Die testimoniale Differenz beinhaltet also das Zeugen für jemanden, für ein Zeugnis, dass sich nicht ereignen konnte. Diese Differenz schreibt sich nun laut Lőrincz in den Zeugen oder die Zeugin ein und er oder sie wird nicht nur zum Zeugen bzw. zur Zeugin für jemand anderen, sondern auch für sich selbst. Daraus schließt Lőrincz letztendlich – wie Agamben –, dass es kein primäres Zeugnis geben könne, weil jedes Zeugnis immer schon ein sekundäres sei, ein supplementäres Bezeugen des Fehlens. Das bedeute auch, so Lőrincz, dass ein Zeuge nur ein Dritter sein könne, auch für sich selbst.[98]

Die Struktur der Nachträglichkeit hat sich also als konstitutiv für jedwedes Zeugnis herausgestellt. Dies konnte in Verbindung gebracht werden mit Adornos Diktum eines ‚nach Auschwitz‘. Mit dieser Nachträglichkeit geht nun laut Lőrincz wiederum einher, dass jedes Zeugnis immer-schon nachträglich und supplementären Charakters ist. Diese Überlegung, wie sie auch schon von Agamben getätigt wurde, eröffnet erneut Möglichkeiten einer Zeug_innenschaft der zweiten oder dritten Generation, bei der immer mitgedacht werden muss, dass für jemanden gezeugt wird.

---

[96] Lőrincz: Zeugnisgaben, S. 15.
[97] Lőrincz: Zeugnisgaben, S. 12.
[98] Vgl. Lőrincz: Zeugnisgaben, S. 17.

2.1.3 Judentum und Zeug_innenschaft

Das Judentum steht in einem besonderen Verhältnis zur Zeug_innenschaft. Dies ist ebenfalls von Bedeutung für die Beschäftigung mit Überlebenszeugnissen und deutsch-jüdischer Literatur (z. B. Doron Rabinovici) bzw. mit Literatur, die sich mit Geschichten jüdischer Familien befasst (z. B. Jenny Erpenbeck) und soll deshalb hier kurz vorgestellt werden.

Katja Schubert zeigt das in ihrer Monographie *Notwendige Umwege* unter anderem anhand der *Klagelieder Jeremias*. Diese bezeichnet sie als das erste kollektive Zeugnis einer Vernichtung im Judentum, welches bereits im 6. Jahrhundert v. Chr. enstanden ist.[99]

Daniel Krochmalnik zeigt in seinem Aufsatz über das Zeugnisgebot des Judentum ebenfalls, inwieweit Zeug_innenschaft konstitutiv für ebenjenes ist.[100] Er beginnt mit folgender Feststellung: „Unter den 613 Geboten und Verboten der Thora verpflichtet nach der Zählung des *Sefer HaChinuch* das 122. Gebot dazu, Zeugnis abzulegen *(Midzwat Edut)*, die Wahrheit zu sagen *(Haggada)*."[101] Diese Pflicht beinhaltet laut Krochmalnik, dass die betreffende Person bei Nichteinhaltung durch Schweigen Schuld auf sich lädt.[102] Es ist demnach in der jüdischen Kultur verankert,

---

[99] Vgl. Schubert, Katja: Notwendige Umwege. Voies de traverse obligées. Gedächtnis und Zeugenschaft in Texten jüdischer Autorinnen in Deutschland und Frankreich nach Auschwitz. Hildesheim/New York/Zürich 2001, S. 81.

[100] Vgl. Krochmalnik, Daniel: Pflicht Nr. 122. Das Zeugnisgebot *(Mizwat Edut)* in Geschichte und Gegenwart. In: Elm, Michael/Kößler, Gottfried (Hg.): Zeugenschaft des Holocaust. Zwischen Trauma, Tradierung und Ermittlung. Frankfurt a. M. 2007, S. 19–32.

[101] Krochmalnik: Die Pflicht Nr. 122, S. 19.

[102] Vgl. Krochmalnik: Die Pflicht Nr. 122, S. 20.

über miterlebte Verbrechen Zeugnis abzulegen oder sich ansonsten schuldig zu fühlen.

Krochmalnik leitet die Verankerung der Zeug_innenschaft in der jüdischen Kulturtradition auch etymologisch her, indem er sich mit der hebräischen Übersetzung des Wortes Zeuge/Zeugin/Zeugnis auseinandersetzt:

„Ed" ist der „Zeuge"; „Edut", was „Zeugnis" bedeutet, kann auch das feierlich bezeugte Gesetz oder das göttliche Gesetz bezeichnen; „Edot" (5 Mose 4,45, 6,17–20) sind ferner eine ganz spezielle Kategorie von Gottesgeboten. Von diesen Bedeutungen von „Edut" und „Edot" leiten sich die Ausdrücke „Luchot Ha-Edut" (Gesetzestafeln), „Aron HaEdut" (Gesetzeslade), „Parochet HaEdut" (Gesetzesladenvorhang) her sowie „Ohel -" und „Mischkan HaEdut", d. i. das „Zelt" oder die „Wohnung" der Gesetzesoffenbarung und -aufbewahrung. Besonders die beiden letzten Bezeichnungen des *Stiftzelts* und der *Stiftshütte* legen eine Verbindung von „Edah" II, „Zeugin", zu „Edah" I, „Bestimmung (eines Zeitpunktes)", „Zusammenkunft", „Volksversammlung", nahe. Von dieser zweiten Bedeutung stammt der Ausdruck „Adat Jisrael", „Gemeinde Israel", ab, die durch Assimilierung beider Bedeutungen der Wurzel zu „Zeugnisgemeinschaft" wird. Die rabbinische Auslegung bedient sich jedenfalls dieses breiten Bedeutungsspektrums des Wortes für ihre Schlussfolgerungen.[103]

Krochmalnik zeigt hier, inwiefern die jüdische Kulturgemeinschaft, die israelische Gemeinschaft, auch als *Zeugnisgemeinschaft* gelesen werden kann, in die das Zeugnisgeben konstitutiv eingeschrieben ist, was sich auch in der Begriffsgeschichte zeige. Er zeigt des Weiteren, wie nah das Zeugnis und die jüdische Religion bzw. das Zeugnis und das göttliche Gebot im Judentum beieinander liegen.

---

[103]   Krochmalnik: Die Pflicht Nr. 122, S. 22 f.

Krochmalnik argumentiert weiter, wie sich das Zeugnisgebot außerdem im Glaubensbekenntnis manifestiere:

„Höre Israel!" *(Schema Jisrael H' Eloheinu H' Echad,* 5 Mose 6,4). In diesem Vers wird nach der traditionellen Schreibweise der Endbuchstabe *Ajin* des ersten Wortes „Sch'ma", „Höre!", und der Endbuchstabe *Dalet* des letzten Wortes „Echad", „Einer", überdimensional groß geschrieben. Zusammen ergeben sie das Wort „Ed", „Zeuge". Will sagen, die monotheistische Erkenntnis muss durch das Bekenntnis von *Adat Jisrael* in der Welt bezeugt werden.[104]

Es ist demnach so, dass die Bekenntnis zum Judentum als Religion oder Kultur eng mit einer Form der Zeug_innenschaft verbunden ist; sich selbst dem Judentum zuzuordnen, ist folglich bereits ein Akt des Bezeugens. Außerdem zeige dieses „Höre Israel!" bereits, „dass es sich beim Monotheismus nicht um einen trockenen philosophischen Lehrsatz oder dogmatischen Glaubenssatz, sondern um ein *Märtyrer*bekenntnis handeln kann, im griechischen und christlichen Sinn des Wortes ‚martyr', ‚Zeuge', nämlich ‚Blutzeuge'."[105] Interessant ist, wie Krochmalnik den

---

[104] Krochmalnik: Die Pflicht Nr. 122, S. 23.

[105] Krochmalnik: Die Pflicht Nr. 122, S. 24. Auch Agamben weist später noch auf diese weitere Herkunft des Zeug_innen-Begriffs hin: „Zeuge heißt auf Griechisch *mártys,* Märtyrer. [...] Dennoch gibt es anscheinend zwei Berührungspunkte. Der erste betrifft den griechischen Terminus selbst, der von einem Verb abstammt, das „erinnern" bedeutet. Der Überlebende, der *superstes,* ist zur Erinnerung berufen, er ist gezwungen, zu erinnern. [...] Der zweite Berührungspunkt liegt tiefer und ist aufschlußreicher. [...] Die Lehre vom Märtyrium entsteht [...], um das Skandalon eines sinnlosen Todes zu rechtfertigen, eines Blutbades, das nur als absurd erscheinen konnte. [...] Dadurch wurde es möglich, das Märtyrium als göttliches Gebot zu interpretieren, einen Grund für das Grundlose zu finden. Dies hat nun sehr viel mit den Lagern zu tun. Denn in den Lagern nahm eine Vernichtung, zu der es

Bogen zu den Überlebenszeugnissen der Shoah schlägt und mit der Zeugnispflicht verbindet. Er konstatiert zunächst, dass viele der Opfer „ihre Zeugnispflicht der unerbittlichen deutschen Vernichtungsmaschinerie zum Trotz über alle Erwartung erfüllt haben."[106] Er stellt dann aber auch fest, dass es anderen wiederum nicht möglich gewesen ist, Zeugnis abzulegen:

Vielen Auschwitz-Überlebenden, wie meinem Vater sal. und meinem Schwiegervater, hatte es allerdings die Sprache verschlagen, sie haben geschwiegen oder, was dasselbe ist, Anekdoten wiederholt, sie haben ihre Zeugnis- und Erzählpflicht nicht erfüllen können – aber sie haben Kinder gezeugt.[107]

Bemerkenswert ist hier erneut, wie die Bedeutungen des Kinder Zeugens und des Zeugnis Ablegens miteinander verknüpft und als austauschbar und somit gleichwertig dargestellt werden. So als wäre das Zeugen eines Kindes auch eine Form des Bezeugens. Das wirft natürlich die Frage auf, inwieweit das Fortzeugen der Genealogie auch zu einer Fortzeugung der Erinnerung führt. Es stellt sich auch ein wenig als Ausschluss dar, so als müsse die Entscheidung gefällt werden, wofür die eigene Kraft verwendet wird: zum Zeugen von Kindern oder Erinnerungen – als wäre beides nebeneinander nicht möglich. Dies ist ein Motiv das auch in den hier zu analysierenden Texten verhandelt wird.

Auch Schubert sieht die Zeug_innenschaft im Deuteronomium verankert:

---

möglicherweise durchaus historische Vorgänger gab, Formen an, die sie absolut sinnlos machten." Agamben: Was von Auschwitz bleibt, S. 23–25. In dem Zusammenhang kritisiert Agamben dann auch den Begriff ‚Holocaust', weil in ihm genau diese religiöse, Sinn zuschreibende Komponente mitschwingt. Vgl. Agamben: Was von Auschwitz bleibt, S. 25–29; vgl. auch Fußnote 23.

[106] Krochmalnik: Die Pflicht Nr. 122, S. 28.
[107] Krochmalnik: Die Pflicht Nr. 122, S. 29.

Das Motiv des Hörens findet sich bereits im Deuteronomium (Kap. 6, Vers 5), in Israels Bekenntnis „Sch'e ma Israel" (Höre Israel...!). Bemerkenswert ist bei dieser Redeform hier, daß die Bekennenden – noch expliziter als im Klagelied – zugleich die Adressaten sind, hören und sprechen sind ineinander verschränkt, die Zeugen sind zugleich die Bezeugten.[108]

Hören wurde bereits als zentrales Motiv der Zeug_innenschaft herausgestellt, nun zeigt sich, dass die jüdische kulturelle Gemeinschaft sich also ganz grundlegend über das Ablegen eines Zeugnisses und den Appell an eine Zuhörer_innenschaft konstituiert.

Schubert weist außerdem auf das Engagement hin, das in jedem Zeugnis enthalten sei, und äußert sich dazu folgendermaßen:

Eine besondere Form dieses Engagements findet sich in den prophetischen Büchern der Bibel, wo vom radikalen, globalen Sinn menschlicher Erfahrung gesprochen wird. Auch in diesem Kontext wird das jüdische Volk zum Zeugen berufen und dadurch in seiner Auserwähltheit bestätigt, die jedoch nur in der Beziehung zu anderen Völkern Gültigkeit besitzt [...]. [D]iese Auserwähltheit [bedeutet], für die Menschlichkeit des Menschen, für die Universalität und für die Verantwortung der Universalität zu zeugen. Diese Vorstellung von jüdischer Identität birgt in sich die Universalität des jüdischen Zeugen.[109]

Es zeigt sich deutlich, wie konstitutiv das Zeugnis für die Konstruktion einer jüdischen Gemeinschaft und Kulturtradition ist.

James E. Young zeigt ebenfalls, dass Thora und Talmud zwecks Selbstfindung und zum Überdauern des jüdischen Volkes

---

[108] Schubert: Notwendige Umwege, S. 84.
[109] Schubert: Notwendige Umwege, S. 93.

entwickelt worden seien, was sie zu den Ursprüngen des Zeugnisses des Judentums mache.[110] Damit werde, so Schubert, das
Buch zum ersten Erinnerungsort des Volkes, was auch die Rolle
des Erzählens in der Konstruktion von Gedächtnis und Erinnerung unterstreiche.[111] Damit äußert sich Schubert auch zu der
Frage nach dem Verhältnis von Literatur und Zeug_innenschaft
bzw. Literatur und Erinnern.

Es hat sich also gezeigt, dass Zeug_innenschaft als Prinzip
fest im Judentum verankert ist und sich in dem Zusammenhang
auch noch mit dem geschriebenen Wort und somit der Literatur
verbindet.

2.1.4 Literatur und Zeug_innenschaft

Es drängt sich mehr und mehr die Frage auf, wie Literatur als
Zeugnis fungieren kann bzw. in was für einem Verhältnis Literatur und Zeug_innenschaft zueinander stehen. Generiert Literatur
als solche vielleicht schon eine spezifische Möglichkeit der
Zeug_innenschaft? Ist Literatur vielleicht sogar immer schon o-
der immer auch Zeugnis? Das sind Fragen, die hier von großem
Interesse sind und in der Erzähltextanalyse erneut eine Rolle
spielen werden. Hier sollen nun zunächst theoretische Annahmen
vorgestellt und vergleichend betrachtet werden.

Schubert beispielsweise hebt die Gebundenheit des Zeugnisses hervor, und zwar „die institutionelle Gebundenheit […] an
ein Gericht oder auch […] an die literarische Öffentlichkeit oder

---

110   Vgl. Young, James E.: Beschreiben des Holocaust [1988].
      Frankfurt a. M. 1992, S. 38 f.
111   Schubert: Notwendige Umwege, S. 88.

49

an die Gattung ‚Literatur‘ selbst“.[112] Damit stellt sie außer Frage, dass Literatur als geeignetes Medium der Zeug_innenschaft betrachtet werden kann. Sie bezeugt damit ebenfalls erneut die Zentralität des Hörens.

In einem Aufsatz aus dem Jahr 2014 geht Sybille Schmidt der Frage nach, inwieweit Literatur den Gestus der Zeugenschaft beanspruchen könne, wo doch Zeugnis und Literatur einander klar ausschließen, wobei sie Literatur auch als ein fiktionales „Erzeugnis“ bezeichnet.[113] Schmidt beschäftigt sich in diesem Zusammenhang auch mit der Frage der Authentizität und untersucht den spezifischen Wert eines Zeugnisses, den sie darin sieht, die Erfahrungsdimension eines Ereignisses zu vermitteln.[114] Daraus zieht sie folgenden Schluss für die Literatur:

Literarische Zeugnisse bringen die spezifische epistemische Funktion der Zeugenschaft paradigmatisch zum Ausdruck, da sie uns ermöglichen, mit den Erfahrungen anderer in Berührung zu kommen und die Erlebnisdimension historischer Ereignisse zur Kenntnis zu nehmen.[115]

Für Schmidt beinhaltet Literatur also nicht nur die Möglichkeit, Zeugnis abzulegen, sondern zeigt sich in ihrer Funktion dem Zeugnis identisch. Literatur wäre demzufolge die Möglichkeit inhärent, Zeugnis abzulegen. Demnach ist Literatur nicht nur qualifiziert, sondern sogar besonders geeignet, als Medium der Zeug_innenschaft aufzutreten.

---

112 Schubert: Notwendige Umwege, S. 91.
113 Vgl. Schmidt, Sybille: Was bezeugt Literatur? Zum Verhältnis von Literatur und Fiktion. In: Nickel, Claudia/Ortiz Wallner, Alexandra (Hg.): Zeugenschaft. Perspektiven auf ein kulturelles Phänomen. Heidelberg 2014, S. 181–191 (hier S. 181).
114 Vgl. Schmidt: Was bezeugt Literatur?, S. 181.
115 Schmidt: Was bezeugt Literatur?, S. 182.

Auch Shoshana Felman weist in einem Aufsatz über Claude Lanzmanns Dokumentarfilm *Shoah* auf genau dieses Charakteristikum von Kunst hin, wenn sie schreibt, dass Wahrheit die Kunst benötige, um vermittelbar zu sein, um ins Bewusstsein der Menschen eindringen zu können und sie zu Zeugen werden zu lassen.[116] Auf Literatur übertragen bedeutet das, dass Leser_innen bei der Lektüre eines Textes zu Zeug_innen von wahren und wirklichen Ereignissen werden können.

An anderer Stelle weist Schmidt jedoch auch darauf hin, dass „die Abgrenzung zur Literatur [...] tatsächlich konstitutiv für die Institution der Zeugenschaft [ist]",[117] nur um dann sofort mit Derrida festzustellen, dass das Zeugnis immer von der Fiktion ‚heimgesucht' werde.[118] Derrida selbst schreibt dazu Folgendes:

[...] wenn das Zeugnis folglich zum Beweis, zur Information, zur Gewißheit oder zum Archiv geriete, würde es seine Funktion als Zeugnis verlieren. Um Zeugnis zu bleiben, muß es sich also heimsuchen lassen. Es muß sich also genau von dem parasitieren lassen, was es aus seinem Innersten ausschließt: die *Möglichkeit* zumindest der Literatur.[119]

In das Zeugnis ist also immer die Dialektik von Fiktion vs. nicht-Fiktion eingeschlossen, was bedeutet, dass Literatur und Zeugnis nicht voneinander zu trennen sind. Einerseits muss sich das Zeugnis zwar von der Fiktion abgrenzen, um seinen Wahrhaftigkeitsanspruch aufrecht erhalten zu können, andererseits ist

---

116   Vgl. Felman, Shoshana: Im Zeitalter der Zeugenschaft. Claude Lanzmanns *Shoah*. In: Baer, Ulrich (Hg.): „Niemand zeugt für den Zeugen". Erinnerungskultur und historische Verantwortung nach der Shoah. Frankfurt a. M. 2000, S. 173–193 (hier S. 175).

117   Schmidt: Was bezeugt Literatur?, S. 184.

118   Vgl. Schmidt: Was bezeugt Literatur?, S. 184.

119   Derrida, Jacques: Bleibe. Maurice Blanchot [1998], hg. v. Peter Engelmann. Wien 2003, S. 28.

jedem Zeugnis die Möglichkeit der Fiktionalisierung und damit der Literatur inhärent, was auch heißt, dass Literatur wahrhaftig und somit Zeugnis sein kann; es heißt hier sogar, dass es Fiktion braucht oder wenigstens die Möglichkeit der Fiktion, um Zeugnis sein zu können. Das ist wohl auch so zu verstehen, dass bei einem Zeugnis nicht nachgewiesen werden kann, inwieweit fiktionalisiert wurde, sonst würde es sich nicht mehr um ein Zeugnis handeln, bei dem die Zeugin oder der Zeuge für die Wahrhaftigkeit bürgt. Dazu äußert sich Schmidt mit folgenden Worten:

Der Zeuge kann sich zwar mit seiner Person, seinem Leib dafür einsetzen, die eigene Glaubwürdigkeit zu unterstreichen; er kann auf seinen Körper verweisen, der mitunter Spuren des Ereignisses trägt und dadurch die berichtete Erfahrung authentifiziert. Aber so anschaulich und genau uns ein Zeuge auch berichtet, was er erlebt hat – er kann uns doch nicht selbst sehen und hören lassen, was er gesehen und gehört hat.[120]

Denn laut Schmidt wird eine Behauptung durch das explizite oder implizite Versprechen, die Wahrheit zu sagen, zu einem Zeugnis.[121]

Schmidt argumentiert außerdem, dass es sich bei Zeugnissen immer auch um sprachliche Erzeugnisse und damit um Behauptungen handelt; im selben Zusammenhang spricht sie vom Zeugnis auch als *Erzählung* des Zeugen oder der Zeugin, was wiederum auf die Möglichkeit der Literarizität verweist.[122] Schmidt zieht dann auch die Etymologie des Begriffs ‚Fiktion' heran:

„Fiktion" rührt vom lateinischen Begriff *fingere* her, das „formen, gestalten und bilden" bedeutet. [...] Dem *buchstäblichen* Sinn von *fingere* zufolge sind Zeugnisse aber durchaus

---

[120] Schmidt: Was bezeugt Literatur?, S. 184.
[121] Vgl. Schmidt: Was bezeugt Literatur?, S. 186.
[122] Vgl. Schmidt: Was bezeugt Literatur?, S. 184.

selbst „fingierte" Entitäten: Bezeugen ist schließlich ein Sprech-
akt, und das Zeugnis ein sprachliches Gebilde. [...] Das Zeugnis
ist ein Erzeugnis aus künstlichen Zeichen. [...] Das Zeugnis ist
in dieser Hinsicht stets ‚fingiert' – nicht in dem Sinn, dass es eine
Lüge sei, sondern, dass es ein Gebilde aus künstlich, nämlich
sprachlichen Zeichen ist.[123]

   Schmidt zeigt hier, dass das Zeugnis immer ein Erzeugnis ist,
weil es mit der Sprache *erzeugt* wird, was bedeutet, dass es künstlich gebildet wird, was wiederum konstitutiv für Literatur ist.
Über die Sprache werden Zeugnis und *Erzeugnis* einander angenähert und schließen sich nicht mehr eindeutig aus. Hier zeigt
sich ebenfalls die von Derrida konstatierte Dialektik der beiden
Sphären, die sich im Zeugnis vereinen.

   Auch Lőrincz behandelt Literatur und Zeug_innenschaft auf
eine ähnliche Weise als miteinander verwobene Bereiche. Er
schreibt über diese Verbindung,

   dass weder die Zeugenschaft noch die Fiktion im Dienst der
Informationsvermittlung stehen, dass ihre ursprüngliche Funktion nicht in der Erstellung von Beweisen besteht und sie dadurch
schon von vornherein in wechselseitige Nähe geraten (wenn sie
auch nicht vollkommen miteinander verschmelzen).[124]

   Diese wechselseitige Nähe kann auch als dialektische im
Sinne Derridas betrachtet werden, da es beim Zeugnis zwar nicht
um Informationsvermittlung, aber doch um Wahrheitsvermitt-
lung geht.

   Lőrincz geht dann soweit, die Literatur als Spezialfall und
Funktion der Zeug_innenschaft zu betrachten und nicht anders-
herum die Zeug_innenschaft als eine Funktion der Literatur.[125]
Demzufolge hätte Literatur immer Zeugnischarakter. Literatur

---

[123]   Schmidt: Was bezeugt Literatur?, S. 185 f.
[124]   Lőrincz: Zeugnisgaben, S. 9.
[125]   Vgl. Lőrincz: Zeugnisgaben, S. 10.

generiert nach Lőrincz also nicht nur die Möglichkeit der Zeug_innenschaft, sondern Literatur zeigt sich als eine von vielen Möglichkeiten, Zeugnis abzulegen. Das bedeutet, dass jede Literatur als Zeugnis betrachtet werden könnte. Literatur wäre somit ein Zeugnis neben anderen, aber eben immer Zeugnis. Es ist dann nicht mehr so zu betrachten, dass Literatur auch Zeugnis sein kann, sondern vielmehr so, dass Zeugnis auch Literatur sein kann.

Insgesamt kann Literatur demzufolge als wichtige Möglichkeit einer Zeug_innenschaft betrachtet werden, da Zeugnisse immer-schon sprachliche Erzeugnisse sind und damit immer die Möglichkeit der Fiktionalität beinhalten. Dies kann auch als Mehrwert der Literatur betrachtet werden: Zeug_innenschaft hat ein bisschen Literarizität nötig, um Ereignisse für andere Personen erfahrbar zu machen.

2.2 Das Konzept der ‚Postmemory‘ oder Über die (Un-)Möglichkeiten einer transgenerationellen Weitergabe von Erinnerung

Während der Beschäftigung mit den Theorien der Zeug_innenschaft hat sich mir immer wieder die Frage gestellt, wie eine solche in der zweiten oder dritten Generation nach der Shoah möglich sein kann. Wie kann an die Shoah erinnert werden, wenn die Zeitzeug_innen nicht mehr sind? Es hat sich gezeigt, dass z. B. das Konzept der sekundären Zeug_innenschaft fruchtbar für eine Zeug_innenschaft der nachfolgenden Generationen gemacht werden könnte. Doch kann etwas bezeugt werden, was nicht am

eigenen Leib erfahren wurde? Und wenn ja, wie? Kann Zeug_in-
nenschaft vererbt werden? Und wie würde sich dann eine solche
transgenerationelle Weitergabe der Zeug_innenschaft gestalten?
Viele Kinder von Überlebenden weisen einander sehr ähnliche Symptomatiken hinsichtlich einer spezifischen Traumatisierung auf, was Marianne Hirsch zu dem Konzept der ‚Postmemory‘ geführt hat. Dieses befasst sich mit der Frage, inwieweit
Erinnerung an traumatische Ereignisse möglich ist, die nicht
selbst erlebt wurden.
All dem werde ich hier auf theoretischer Ebene nachgehen.
Dafür werde ich zuerst psychoanalytische Konzepte der Generation und Möglichkeiten transgenerationeller Vererbung von Erinnerung und Zeug_innenschaft sowie Schwierigkeiten diesbezüglich aufgrund transgenerationeller Traumatisierung aufge-
zeien, um daraufhin das spezifische Konzept der ‚Postmemory‘
nach Hirsch vorzustellen.

2.2.1 Das Konzept der Generation sowie der Genealogie

Für ein Verständnis transgenerationeller Übertragungen ist
es zunächst von Bedeutung, den Begriff der Generation sowie der
Genealogie genauer zu bestimmen. Ulrike Jureit schreibt über
den Begriff der Generation, dass er etymologisch mit dem der
Genealogie assoziiert sei, welchen sie wie folgt näher bestimmt:
Genealogie ist ein Abstammungs- und Herkunftsbegriff, mit
dem sich Individuen und Gruppen durch Bezugnahme auf gene-

rationell periodisierte Vergangenheiten selbst verorten und verorten lassen. *Generation* als genealogischer Begriff steht für Abfolge, Abstammung und Kontinuität.[126]

Diese Abstammung kann auch im Sinne einer kulturellen Vererbung gedacht werden. Sigrid Weigel definiert Generation in Hinblick auf den Diskurs nach 1945 ebenfalls unter Einbezug des Genealogie-Begriffs:

Based on the Latin *generatio* or the Greek *genesis*, both meaning „origin", „arise", and „(pro)creation", there is a hidden structure within the word „generation" concerning the transition from creation to continuation, for the generation marks the historico-theoretical threshold in the relationship between beginning and descent or creation and genealogy.[127]

Das heißt, Generation beinhaltet die Verbindung von Ursprung und Kontinuität, von Herkunft und Weitergabe.

Hinsichtlich einer Generationenzählung nach der Shoah bekommt der Begriff eine ganz spezifische Bedeutung. So schreiben Ohad Parnes und Ulrike Vedder in *Das Konzept der Generation* zum *Holocaust und seinen Generationen,*

dass die Zugehörigkeit zur ersten Generation ausschließlich in einem einzigen Kriterium gründet, nämlich in der Tatsache, zu der Zeit gelebt und den Gräueltaten der Nazis ausgeliefert gewesen zu sein – unabhängig vom eigenen Alter zu diesem Zeitpunkt. Dieser Umstand führt zu einer ungewöhnlichen Bestimmung der Generation, bei der nunmehr jeder, der den Krieg als

---

[126] Jureit, Ulrike: Generationenforschung. Göttingen 2006, S. 31.

[127] Weigel, Sigrid: „Generation" as a Symbolic Form: On the Genealogical Discourse of Memory since 1945. In: The Germanic Review: Literature, Culture, Theory 77/4 (2002), S. 264–277 (hier S. 265).

Opfer überlebt hat, zugehörig ist und nicht mehr das Alter der Betroffenen über die Zugehörigkeit entscheidet.[128]

Es wird demnach von Überlebenden der ersten Generation gesprochen, wenn diese die Shoah als historisches Ereignis er- und überlebt haben, dabei spielt es keine Rolle, ob sie zu der Zeit noch ein Kind oder schon erwachsen waren. Auch die Position in der Generationalität einer Familie, die sie zu der Zeit eingenommen haben, ist nicht von Bedeutung, so können auch z. B. Mutter und Tochter, die die Shoah gemeinsam überlebt haben, danach beide zur ersten Generation gezählt werden. Das Sprechen von einer ersten, zweiten und dritten Generation von Überlebenden der Shoah beinhaltet dennoch eine sich fortzeugende also vertikale Vorstellung von Generationalität: Das Konzept der Generation muss hier also horizontal (Zugehörigkeit über das gemeinsame Erleben eines historischen Ereignisses) *und* vertikal (Zugehörigkeit aufgrund der Position innerhalb der Familie) gedacht werden.[129]

Dies beinhaltet verschiedene Implikationen: Zum einen wird Auschwitz als Ursprung einer Genealogie gesetzt und zum anderen wird diese von jenem Punkt aus fortzeugt, was der Gemeinsamkeit von Ursprung und Kontinuität entspricht. Dies lässt sich auch damit erklären, dass die Shoah als Zäsur betrachtet

---

[128] Parnes, Ohad/Vedder, Ulrike/Willer, Stefan: Das Konzept der Generation. Eine Wissenschafts- und Kulturgeschichte. Frankfurt a. M. 2008, S. 307.

[129] Die zweite und dritte Generation usw. kann übrigens auf der einen Seite, wie es hier geschieht, von der Familie Überlebender her gedacht werden (dann werden buchstäblich die Kinder von Überlebenden als zweite und die Enkelkinder als dritte Generation betrachtet), oder aber auf der anderen Seite gesamtgesellschaftlich (dann beginnt die Generationenzählung nach Auschwitz und bezieht nicht nur Opfer des Holocaust mit ein; es wird dann gezählt, wie viele Generationen seit Auschwitz vergangen sind).

werden muss, dass das Leben danach immer ein Leben ‚nach Auschwitz‘ sein muss. Demnach scheint für Menschen, die Auschwitz überlebt haben, das Fortzeugen der eigenen Genealogie immer nur in Bezug auf Auschwitz und die verlorenen Verwandten und dem damit einhergehenden Zwang, zu erinnern und zu bezeugen, möglich. Wenn das Fortzeugen der Familie geschehen soll, muss also auch ein Bezeugen der Geschichte stattfinden. Für die Familien ‚nach Auschwitz‘ bedeutet, am Ursprung einer neuen Genealogie zu sein, schließlich auch, dass die Genealogie bis dahin abgebrochen ist und sich nicht weiter kontinuieren kann, ohne sich vorher neu zu begründen. Das kann wiederum für die Kinder von Überlebenden bedeuten, als Ersatz für die gestorbenen Verwandten betrachtet zu werden oder sich so betrachtet zu fühlen. Dies wird auch dadurch bezeugt, dass einige dieser Kinder nach verstorbenen Verwandten benannt werden.[130]

Weigel spricht der Generationenzählung ‚nach Auschwitz‘ außerdem einen gewissen mythischen Gehalt zu,

(1) dadurch, daß die Zeitrechnung dabei auf ein herausgehobenes Ereignis bezogen ist, das dadurch Ursprungcharakter erhält, und (2) durch die Rückbindung an eine familiale, genealogische Zeitvorstellung. Die Abfolge-Ordnung in der Rede über die Generationen verbirgt damit zugleich die spezifische Zeitstruktur des Traumas, die Nachträglichkeit, aus der sich die Umschrift von Historie in Genealogie doch erst ergibt.[131]

---

[130] „Denn die Kinder der Überlebenden müssen nicht nur die Toten der Familie ersetzen, nicht selten werden ihnen auch deren Namen übertragen." Weigel, Sigrid: Télescopage im Unbewußten. Zum Verhältnis von Trauma, Geschichtsbegriff und Literatur. In: Koch, Gertrud (Hg.): Bruchlinien. Tendenzen der Holocaustforschung. Köln 1999, S. 255–279 (hier S. 276).

[131] Weigel: Télescopage, S. 270.

Der mythische Charakter dieser Ausdrucksformen ist kritisch zu betrachten, da es sich bei der Shoah um ein konkretes historisches Ereignis handelt, und nicht um einen Mythos. Eine Mythologisierung birgt die Gefahr einer Verschleierung und Verharmlosung der Verbrechen. Außerdem zeigt sich hier, dass das Sprechen von einer ersten, zweiten und dritten Generation bezogen auf ein Ereignis insofern problematisch sein kann, als dass es die Nachträglichkeit des Traumas und damit das nachträgliche (Wieder-)Erleben des Traumas verdeckt.

2.2.2 Transgenerationelle Übertragungen

Hier werde ich nun nachzeichnen, inwieweit Prozesse transgenerationeller Übertragungen und Traumatisierungen in Familien Überlebender stattfinden und wie solche funktionieren.

Die besagte Struktur des Traumas, die Nachträglichkeit, kann sich z. B. über Generationen hinweg manifestieren:

Entstellungen oder Verschiebungen gängiger Generationenzählung können aber auch im Bereich des Unbewußten angesiedelt sein, weil die Zeitlichkeit einer Biografie – als chronologisch ablaufende Lebenszeit mit bestimmten Phasenbildungen und Einschnittmarkierungen – mit der ganz anderen Zeitlichkeit eines Traumas oder einer Symptombildung nicht zu vereinheitlichen ist. Diese andere psychische Zeitlichkeit erscheint als verschobene Zeit angesichts nachträglich einbrechender Reaktionen auf Vergangenes oder angesichts zyklisch anmutender Wiederholungen – sei es, dass ein Subjekt erst mit großer zeitlicher Verzögerung sich an ein traumatisierendes Erlebnis erinnert oder konstruiert; sei es, dass in der folgenden Generation solche Erinnerungen oder andere Reaktionen hartnäckig wiederkehren, ohne dass die

Folgegeneration die traumatisierende Erfahrung selbst gemacht hätte, sodass hier von transgenerationeller Traumatisierung […] gesprochen wird.[132]

Hier zeigt sich, dass nicht nur in dem Leben eines Individuums die Symptome einer Traumatisierung nachträglich auftreten, sondern dass sich dieser Abstand zum Ereignis sogar über eine Generation hinweg erstrecken kann: In einem solchen Fall treten Symptome dann erst – oder erneut – in der nachfolgenden Generation auf. Das bedeutet, das Trauma wird über unbewusste Kommunikationen an die nächste Generation übertragen.

Weigel beschreibt die transgenerationelle Traumatisierung als ‚Télescopage':

Als *télescopage* bezeichnete man nämlich die Form der teleskopartig ineinandergeschobenen Waggons bei den Eisenbahnunfällen des 19. Jahrhunderts, – Schauplätze für Entstehung eines somatischen Traumakonzepts. Ist an die Stelle der Waggons nun das Unbewußte der Generationen getreten, so kehrt die Form des ein Trauma auslösenden Unfalls in der Gedächtnisfigur des psychischen Traumas wieder: als Störfall der Genealogie.[133]

Diese bildliche Darstellung transgenerationeller Übertragungen zeigt, wie sich das Unbewusste der einen Generation in das der nächsten schiebt, was zu einer Traumatisierung über mehrere Generationen hinweg führt – zu einer Weitergabe des Traumas an die nächste (und übernächste u. s. w.) Generation.

Weigel konstatiert außerdem, dass Schuld ein wichtiger Topos hinsichtlich transgenerationeller Übertragungsprozesse in Familien von Überlebenden ist. Dazu schreibt sie Folgendes:

---

[132]   Parnes/Vedder/Willer: Generation, S. 307 f.
[133]   Vgl. Weigel: Télescopage, S. 269.

60

Indem aber die Erinnerungen der sogenannten Holocaust-Zeugen einem juristischen Zeugnisbegriff unterworfen und damit ihrer Klage-Momente beraubt werden, bleiben letztere auf ein anderes Medium der Tradierung, d. h. wiederum auf die genealogische Fortzeugung der Generationen verwiesen. So sind die Kinder von Überlebenden nicht selten der unausgesprochenen Erwartung ausgesetzt, die Stimme der Opfer zu tradieren, womit ihre historische Positionierung zu einer zwanghaften Reproduktion der Opferposition tendiert, – oder aber, in der Gegenreaktion, alle Schuld für die Leiden der Eltern auf sich lädt.[134]

Dies ist eine bemerkenswerte Textstelle, da Weigel hier direkt eine Verbindung zwischen dem Zeug_innenschafts-Diskurs und dem über transgenerationelle Traumatisierung herstellt. Aufgrund der Ansiedlung der Zeug_innenschaft im Bereich der Juristik, bleiben Klage und Trauer der Überlebenden auf eine andere Form des Zeugnisses – nämlich auf Fortzeugung – angewiesen. Damit zeigt sich erneut eine Engführung der unterschiedlichen Bedeutungen des Begriffs des Zeugens: als ein Bezeugen und ein Fortzeugen. Gleichzeitig verdeutlicht Weigel hier die problematischen Folgen, die diese Verknüpfung hier für die Kinder der Überlebenden haben kann – dabei muss die Erwartung an die Nachkommen nicht einmal ausgesprochen werden, genauer gesagt muss sie den Eltern nicht einmal bewusst sein. Dies stellt ein Beispiel für die so genannte *Télescopage*, also für eine Verkettung des Unbewussten der einen mit dem der nächsten Generation, dar.

Yolanda Gampel nennt in ihrem Aufsatz *Können diese Wunden heilen?* folgenden möglichen Übertragungsmechanismus:

---

[134] Weigel: Télescopage, S. 277.

Allzuoft sind die Botschaften, die den Kindern von Überlebenden übermittelt werden, widersprüchlich. Sie sollen gleichzeitig wissen, was in der Shoah geschehen ist und nicht vergessen werden darf, und andererseits aber auch zugeben, daß sie es nicht wissen können, weil es nicht vermittelbar ist.[135]

Hier zeigen sich widersprüchliche Erwartungshaltungen, die laut Gampel an die Kinder von Überlebenden häufig herangetragen werden und die dazu führen, dass sie nur scheitern können.

Das alles wirft die Frage auf, welche (un-)bewussten Mechanismen für diese Weitergabe von Traumata sorgen und inwieweit neben Traumata auch Möglichkeiten der Zeug_innenschaft oder Formen der Erinnerung weitergegeben werden können und wie genau dies geschehen kann. Dafür ist es interessant, sich das Konzept der ‚Postmemory‘ genauer anzuschauen.

2.2.3 Das Konzept der ‚Postmemory‘

Marianne Hirsch, die den Begriff der ‚Postmemory‘ geprägt hat, konfrontiert sich in ihrer Arbeit zum Themenkomplex der Erinnerung und deren transgenerationellen Weitergabe als Kind von Überlebenden selbst u. a. mit folgenden Fragen: „What do we owe the victims? How can we best carry their stories forward without appropriating them, without unduly calling attention to ourselves, and without, in turn, having our own stories displaced by them?"[136] Diese Fragen zeigen die Problematiken auf, um die

---

[135] Gampel, Yolanda: Können diese Wunden heilen? In: Hardtmann, Gertrud (Hg.): Spuren der Verfolgung. Seelische Auswirkungen des Holocuast auf die Opfer und ihre Kinder. Gerlingen 1992, S. 119–136 (hier S. 120).

[136] Hirsch, Marianne: The Generation of Postmemory. In: Poetics Today 29/1 (2008), S. 103–128 (hier S. 104).

eine solche Auseinandersetzung zwischen Betroffenheit und Distanz zwangsläufig kreisen muss. Eine mögliche Erinnerung der nachfolgenden Generation sieht sich auf der einen Seite mit der Gefahr konfrontiert, sich die Geschichten der Opfer der Shoah anzueignen und selbst die Opferposition einzunehmen, und auf der anderen Seite mit der Gefahr, die eigenen Lebensgeschichten überschrieben zu sehen.

Hirsch definiert den Begriff der ‚Postmemory' folgendermaßen:

Postmemory describes the relationship that the generation after those who witnessed cultural or collective trauma bears to the experiences of those who came before, experiences that they „remember" only by means of the stories, images, and behaviors among which they grew up. But these experiences were transmitted to them so deeply and affectively as to *seem* to constitute memories in their own right. Postmemory's connection to the past is thus not actually mediated by recall but imaginative investment, projection, and creation.[137]

Das bedeutet, dass sich die Erinnerungen der Kinder von Überlebenden nicht auf eine selbst erlebte Vergangenheit, sondern auf erzählte Geschichten u. s. w. beziehen, was dazu führt, dass sich die Bilder, aus denen sich die Erinnerungen zusammensetzen, aus dem Bereich der Vorstellung und der Projektion speisen. Dennoch haben diese Kinder eine bildhafte Posterinnerung, die oftmals so stark ist, dass sie die Erinnerung an eigene Erlebnisse überschattet. So stellt Hirsch sich aufgrund ihrer eigenen, persönlichen Erfahrung die folgenden Fragen:

Why could I recall particular moments from my parents' wartime lives in great detail and have only very few specific memo-

---

[137]   Hirsch: The Generation (2008), S. 106 f.

ries of my own childhood, I began to wonder? Why could I describe the streets, residences and schools of pre-World War I Czernowitz and interwar Cernăuți, where they grew up, the corner where they evaded deportation, the knock on the door in the middle of the night, the house in the ghetto where they waited for deportation waivers – all moments and sites that proceeded my birth – when I had lost the textures, smells, and tastes of the urban and domestic spaces in Bucharest where I spent my own early life? It took a long time for me to recognize and to name these symptoms – the magnitude of my parents' recollections and the ways in which I felt crowded by them.[138]

Hirsch beschreibt hier, dass die Erinnerungen ihrer Eltern ihre eigenen Kindheitserinnerungen verdrängt haben und zu ihren Posterinnerungen geworden sind. Dabei hebt sie besonders hervor, dass diese ‚Postmemories‘ nicht nur aus Bildern bestehen, sie ‚erinnert‘ sich z. B. auch an ein Geräusch, das Klopfen an der Tür, während sie gleichzeitig keine derartigen Erinnerungen an die Erlebnisse ihrer eigenen Kindheit hat. Dies sind also Symptome, die sie dem Phänomen der ‚Postmemory‘ zurechnet. Ihre eigenen Erinnerungen werden also von Geschichten aus der Vergangenheit ihrer Eltern überschrieben, die so überwältigend sind, dass sie sich eingeengt fühlt.

An derselben Stelle schreibt Hirsch des Weiteren Folgendes über die Beschaffenheit ihrer ‚Postmemories‘:

These moments from their [parents] past were the stuff of dreams and nighttime fears for, as a child, it was at night, particularly, that I imagined myself into the lives they were passing down to me, no doubt without realizing it. My postmemories of the war were not visual; it was only much later […] that I saw

---

[138] Hirsch, Marianne: The Generation of postmemory. Writing and visual culture after the Holocaust. New York 2012, S. 4.

images of what I had until then only conjured in my imagination. But neither were my postmemories unmediated. My parents' stories and behaviors, and the way that they reached me, followed a set of conventions that were no doubt shaped by stories we had read and heard, conversation we had had, by fears and fantasies associated with persecution and danger.[139]

Ihre ‚Postmemories' sind also durch das Erzählen von Geschichten durch die Eltern sowie deren Schweigen entstanden; wichtig ist hier vor allem der Aspekt der Imagination. Die Geschichten, die Hirsch als Kind gehört hat, reicherte sie an mit Anteilen aus dem Bereich der Phantasie: Die Leerstellen, die beim Erzählen bleiben, werden aus der Sphäre des Imaginären gefüllt.

Auch Gampel weist auf diesen Sachverhalt hin:

Viele Leerstellen muß das Kind mit seinen Phantasien füllen, um einen Zugang zu der verleugneten Vergangenheit zu finden. Angesichts der emotionalen Leere, verursacht durch das Schweigen, angesichts der Unfähigkeit, das Leiden in Worte zu kleiden, kann ein Kind nur unverbundene und bruchstückhafte Inhalte in sich erschaffen und sich damit nur versuchsweise den traumatischen Erfahrungen der Eltern nähern. Für Kinder von Überlebenden nimmt das Trauma in der Phantasie dämonische Züge an, die oft nur sehr vermittelt die Gewalttätigkeit der primären Inszenierung enthalten. Im Gegensatz dazu bedeuten die Bilder für die, die die Schrecken der Lager an eigenen Leib erfahren haben, eine konkrete Realität mit spezifischen Gefühlen, visuellen Wahrnehmungen und Körperempfindungen. Es gibt also einen Unterschied zwischen dem phantasierten und dem realen Trauma.[140]

---

[139]   Hirsch: The Generation (2012), S. 4.
[140]   Gampel: Wunden heilen, S. 120.

Gampel zeigt hier, inwiefern das Schweigen der Eltern (oder auch nur das Auslassen bestimmter Begebenheiten in der Erzählung der eigenen Geschichte) dazu führt, dass die Kinder sich eine (Post-)Erinnerung herausbilden. Sie nennt es zwar noch nicht ‚Postmemory‘, beschreibt aber dasselbe Phänomen einer Übertragung von einer Erinnerung, die sich dann jedoch von der der Eltern unterscheidet. ‚Postmemory‘ unterscheidet sich also von Erinnerung. Hirsch stellt – das Festhalten an einem Begriff der Erinnerung begründend – fest,

that descendants of survivors (of victims as well as of perpetrators) of massive traumatic events connect so deeply to the previous generation's remembrances of the past that they need to call that connection *memory* and thus that, in certain extreme circumstances, memory *can* be transmitted to those who were not actually there to live an event. At the same time – so is assumend – this received memory is *distinct* from the recall of contemporary witnesses and participants. Hence the insistence on „past" or „after" and the many qualifying adjectives that try to define both a specifically inter- and trans-generational act of transfer and the resonant aftereffects of trauma. If this sounds like a contradiction, it is, indeed, one, and I believe it is inherent to this phenomenon.[141]

Diese Form der Erinnerung lässt sich also als solche bezeichnen, obwohl die Subjekte ebendieser das erinnerte Ereignis nicht selbst erlebt haben. Dennoch entwickeln diese durch Prozesse der Übertragung eine so tiefe Verbindung zu dem Ereignis, also zur Lebensgeschichte der Eltern, dass es sich wie eine eigene Erinnerung anfühlt, und nicht mehr wie eine Geschichte, die sie nur erzählt bekommen haben. Dabei ist es jedoch nicht einfach so,

---

[141] Hirsch: The Generation (2008), S. 106.

dass die Erinnerung der Eltern übernommen wird, sondern es entsteht eine neue, sich unterscheidende Erinnerung. ‚Postmemory‘ bewegt sich also in dem Zwiespalt zwischen Erinnerung und etwas neuem. Diese Dialektik beschreibt Hirsch auch mit folgenden Worten:

Certainly, we do not have literal „memories“ of others' experiences, and certainly, one person's lived memories cannot be transformed into another's. Postmemory is not identical to memory: it is „post“; but, at the same time, I argue, it approximates memory in its affective force and its psychic effects.[142]

‚Postmemory‘ ist also eine Form der Erinnerung, aber eben auch von der Erinnerung der ersten Generation zu unterscheiden. Besonders wichtig ist hier die Tatsache, dass diese Posterinnerung auch traumatisierend wirken kann. Das bedeutet auch, dass es sich bei der ‚Postmemory‘ um Erinnerungen an ein traumatisierendes Ereignis handelt, die auf die erinnernde Person wiederum traumatisierend wirken. Es sind also die psychischen Effekte und die emotionale Betroffenheit, die konstitutiv für die ‚Postmemory‘ sind und den Begriff demzufolge rechtfertigen. An einer anderen Stelle begründet Hirsch die Wortwahl folgendermaßen: „Memory signals an affective link to the past – a sense, precisely, of a material ‚living connection‘ – and it is powerful mediated by technologies like literature, photography and testimony.“[143] Diese Charakteristika einer Erinnerung sind es auch, die die

---

[142] Hirsch: The Generation (2012), S. 31.
[143] Hirsch: The Generation (2012), S. 33. Hier zeigt sich auch die Bedeutung, die Hirsch den Medien der Literatur und der Fotografie zuspricht. Dabei leitet Hirsch das Konzept der ‚Postmemory‘ v. a. mit Hilfe einer Analyse der Rolle von Bildern bzw. Fotografien für das Familiengedächtnis her. Vgl. dazu v. a. : Hirsch, Marianne: Family frames. Photography, narrative, and postmemory. Cambridge 1997.

‚Postmemory' für Hirsch ausmachen: Auch hier sieht sie eine solche Verbindung zur Vergangenheit, die nicht selbst erlebt wurde. An diesem Zitat zeigt sich auch die Bedeutung, die Zeugnisse für die transgenerationelle Weitergabe von Erinnerung haben und inwieweit auch Literatur hier eine Rolle spielen kann. Hirsch stellt durch die parallele Nennung einen Zusammenhang zwischen Literatur und Zeugnis her und drückt deren Gleichwertigkeit hinsichtlich der ‚Postmemory' aus. Auch an anderer Stelle weist Hirsch daraufhin, dass „literary language […] a privileged medium for the transmission of trauma" darstelle.[144]

Das Spannungsfeld zwischen Erinnerung und Nachträglichkeit begründet schließlich die Wahl des Präfix Post. Dieses impliziert des Weiteren folgende Bedeutungen:

The „post" in „postmemory" signals more than a temporal delay and more than a location in an aftermath. […] it reflects an uneasy oscillation between continuity and rupture. And yet postmemory is not a movement, method or idea; I see it, rather, as a *structure* of inter- and trans-generational transmission of traumatic knowledge and experience. It is a *consequence* of traumatic recall but (unlike posttraumatic stress disorder) at a generational remove.[145]

‚Postmemory' zeichnet sich also nicht nur durch Nachträglichkeit aus, sondern beinhaltet die Bewegung zwischen Zäsur bzw. Bruch und Kontinuität, wie sie auch schon in der Beschreibung einer Genealogie von Überlebenden nach der Shoah angedeutet wurde. ‚Postmemory' bezeichnet also nach Hirsch genau die Struktur, die die transgenerationelle Weitergabe von Wissen, Erinnerung und Trauma möglich macht. Daher ist das Konzept der ‚Postmemory' auch geknüpft an traumatische Ereignisse.

---

[144] Hirsch: The Generation (2012), S. 80.
[145] Hirsch: The Generation (2008), S. 106.

Hirsch beschäftigt sich dann vor allem mit innerfamiliären Übertragungen, was sie wie folgt begründet: „The language of family, the language of the body: nonverbal and noncognitive acts of transfer occur most clearly within a familial space, often in the form of symptoms."[146] Um das Phänomen der ‚Postmemory' genauer zu untersuchen, ergibt es also Sinn, Familienstrukturen zu betrachten. Andersherum erscheint es dann ebenfalls sinnvoll, das Konzept der ‚Postmemory' heranzuziehen, um familiäre Übertragungsprozesse zu analysieren, wie es auch in der Erzähltextanalyse später geschehen soll. Symptome, die sich in Familien Überlebender zeigen, beschreibt Hirsch dann beispielsweise so:

To be sure, the children of those directly affected by collective trauma inherit a horrific, unknown, and unknowable past that their parents were not meant to survive. Second generation fiction, art, memoir, and testimony are shaped by the attempt to represent the long-term effects of living in close proximity to the pain, depression, and dissociation of persons who have witnessed and survived massive historical trauma. They are shaped by the child's confusion and responsibility, by the desire to repair, and by the consciousness that the child's own existence may well be a form of compensation for unspeakable loss.[147]

Hier thematisiert Hirsch die nonverbale Kommunikation, wie sie spezifisch für Familien von Überlebenden zu sein scheint. Dabei werden Gefühle, Wissen und Erinnerungen übertragen, ohne dass über sie gesprochen werden muss. Kinder aus diesen Familien entwickeln ein besonderes Gespür für die Geschichte der Eltern, die alles zu überschatten scheint, und werden überver-

---

146 Hirsch: The Generation (2008), S. 112.
147 Hirsch: The Generation (2008), S. 112.

antwortet durch das Gefühl, Ersatz für die verstorbenen Verwandten zu sein. Hirsch spricht außerdem die fiktiven, künstlerischen oder auch memorialen Erzeugnisse der zweiten Generation an, welche die Langzeitfolgen eines Lebens in der Nähe stark traumatisierter und trauernder Menschen aufzeigen können.

In einem anderen Aufsatz befasst sich Hirsch mit der spezifischen Situation von „exile survivors" und ihren Nachkommen.[148] Diese Situation beschreibt sie wie folgt:

Holocaust postmemory, however, attempts to bridge more than just a temporal divide. The children of exiled survivors, although they have not themselves lived through the trauma of banishment and the destruction of home, remain always marginal or exiled, always in the diaspora. „Home" is always elsewhere, even for those who return to Vienna, Berlin, Paris, or Cracow, because the cities to which they can return are no longer those in which their parents had lived as Jews before genocide, but are instead the cities in where the genocide *happened* and from which they and their memory have been expelled.[149]

Also nicht nur für die exilierten Überlebenden wird das Zuhause immer andernorts sein, sondern auch für deren Nachkommen, die die Vertreibung doch selbst gar nicht miterlebt haben. Hirsch schreibt außerdem, dass „this condition of exile from the space of identity, this diasporic experience", charakteristisch für ‚Postmemory' sei.[150] Auch für Kinder von Exilierten fühlt sich das Land, in dem sie womöglich sogar geboren sind, häufig wie ein Exil an. Daraus ergibt sich auch die Frage nach der (Un-

---

[148] Vgl. Hirsch, Marianne: Past lives: Postmemories in Exile. In: Suleiman, Susan Rubin (Hg.): Exile and Creativity. Signposts, Travelers, Outsiders, Backward Glances. Durham/London 1998, S. 419–446.
[149] Hirsch: Past lives, S. 420 f.
[150] Hirsch: Past lives, S. 421.

)Möglichkeit der Eingrenzung eines solchen Exilbegriffs. Auch dies ist ein Aspekt, der anhand der literarischen Texte noch zu untersuchen sein wird. Bezüglich einer möglichen postmemorialen Kunst schlägt Hirsch vor, diese als „a diasporic aesthetics of temporal and spatial exile that needs simultaneously to rebuild and to mourn" zu betrachten.[151] Es lässt sich also ein Zusammenhang herstellen zwischen Exil und ‚Postmemory' sowie auch zwischen Exil und Zeug_innenschaft, weshalb Exil auch ein wichtiges Thema der Erzähltextanalyse sein wird.

Insgesamt wirft Hirsch außerdem die Fragen auf, ob ‚Postmemory' auf den Bereich der Familie und auf die Opfer beschränkt bleibe oder ob sich das Konzept auch auf Täter_innen und Zuschauer_innen ausweiten ließe, oder ob vielleicht solche Kategorien durch das Konzept der ‚Postmemory' gar unterlaufen würden.[152] Sie formuliert diese Frage in ihrer Monografie noch akzentuierter: „If postmemory is not limited to the intimate embodied space of the family, how, by what mechanisms, does it extend to more distant, adoptive witnesses or affiliative contemporaries?"[153] Hirsch schlägt dann vor, zwischen familialer und affiliativer ‚Postmemory' zu unterscheiden, wobei letztere die Erweiterung ersterer darstellt.[154] Beides steht jedoch in sehr engem Zusammenhang, was auch an der spezifischen historischen Situation der Shoah liegt. Es ergibt sich folgende Unterscheidung:

But survivor families are often already fractured and disrupted: traumatized parents return from camps to be taken care of, or to be rejected, by children who survived in hiding; families flee or emigrate to distant lands, and languages in host countries

---

[151] Hirsch: Past lives, S. 423.
[152] Vgl. Hirsch: The Generation (2008), S. 107.
[153] Hirsch: The Generation (2012), S. 6.
[154] Vgl. Hirsch: The Generation (2012), S. 36.

are more easily navigated by children than by parents. Affiliative postmemory is thus no more than an extension of the loosened familial structured occasiond by war and persecution. It is the result of contemporaneity and generational connection with the literal second generation, combined with a set of structures of mediation that would be broadly available, appropriable, and, indeed, compelling enough to encompass a larger collective in an organic web of transmission.[155]

An dieser Textstelle sind mehrere Aspekte hervorzuheben. Zum einen zeigt sich erneut, dass die Shoah als historisches Ereignis zu Brüchen und Diskontinuitäten in den Genealogien der Opferfamilien führt, was wiederum eine Erweiterung des ,Postmemory'-Begriffs zur Folge haben könnte. Es geht dann also nicht nur um eine innerfamiliäre, transgenerationelle Traumatisierung, sondern auch um eine affiliative, also eine die Familienstrukturen übersteigende. Zum anderen ist interessant, dass Hirsch von einer buchstäblichen zweiten Generation spricht, welche von der Postgeneration als ganze unterschieden wird. Es können also nicht nur die direkten Kinder von Überlebenden von postmemorialen Symptomatiken betroffen sein. Das liegt auch daran, dass diese Genealogien sich nicht ohne weiteres kontinuierlich fortzeugen können und die damit einhergehende Zuordnung zu einer Familie demnach nicht mehr gesichert ist. Diese Fragen und Problemfelder werden in der Erzähltextanalyse von Bedeutung und zu untersuchen sein. Ich hoffe, mit Jenny Erpenbeck und Doron Rabinovici unterschiedliche Zugänge zu der Fragestellung aufzeigen zu können.

In Anbetracht eines erweiterten Verständnisses von ,Postmemory' stellt sich außerdem die Frage, wie es mit Übertragungs-

---

[155] Hirsch: The Generation (2012), S. 36.

prozessen von der zweiten zur dritten Generation u. s. w. aussieht. Hirsch selbst schreibt dazu: „[A] third generation grows to maturity and postmemory becomes dissociated from memory."[156] Sie eröffnet also den Ausblick, dass eine dritte Generation das Nachleben des Traumas nicht mehr als eigene Erinnerung spüren wird, weil sich die ‚Postmemory' von der Erinnerung lösen wird. Das könnte bedeuten, dass die neue Erinnerung der dritten Generation sich noch stärker von der der ersten Generation unterscheiden wird. Gleichzeitig könnte es bedeuten, dass die affektiven Auswirkungen nicht mehr so stark sein werden. Der Aussage ist außerdem zu entnehmen, dass Hirsch dennoch auch bei der dritten Generation von einer ‚Postmemory' ausgeht und an den Begrifflichkeiten festhält.

Alles in allem konnte gezeigt werden, dass es nicht immer unproblematisch ist, eine Generationenzählung im Sinne einer Genealogie Überlebender nach Auschwitz zu beginnen und demzufolge von einer ersten, zweiten, dritten, u. s. w. Generation Überlebender zu sprechen. Es wurden verschiedene Implikationen genannt, die zumindest mitgedacht werden müssen, wenn sich für eine solche Zählung entschieden wird. Um transgenerationelle Traumatisierungen zu untersuchen, halte ich es dennoch für nötig, bei einer solchen Bezeichnung zu bleiben. Ich hoffe außerdem, gezeigt zu haben, wie sich solche transgenerationellen Übertragungsprozesse gestalten können und wie diese wiederum zu einer spezifischen Form der Erinnerung bei den Kindern Überlebender der Shoah führen können, welche Hirsch mit dem Begriff der ‚Postmemory' belegt hat.

---

[156]   Hirsch: Past lives, S. 441.

3 Postmemoriale Verhandlungen der Shoah bei Doron Rabinovici

Doron Rabinovici zählt zu den deutsch-jüdischen Gegen-
wartsautor_innen und lebt und schreibt in Wien und Tel Aviv. Er
ist 1961 in Tel Aviv geboren, 1964 zog seine Familie nach
Wien.[157] Sein Vater konnte 1944 aus Rumänien nach Palästina
fliehen, seine Mutter hat als Kind das Ghetto in Wilna und das
Vernichtungslager in Kaiserwald bei Riga überlebt, worüber sie
auch den autobiografischen Text *Dank meiner Mutter* geschrieben hat.[158] Er ist also selbst Sohn von Shoah-Überlebenden und
zählt somit zur zweiten Generation.

Er kann demnach eine gewisse Autorität für sein Schreiben
über die Shoah beanspruchen. Er selbst äußert sich dazu in einem
Interview mit folgenden Worten:

Ich habe die nationalsozialistische Massenvernichtung nicht
erlebt, aber sie prägt mein Dasein entscheidend und ich erinnere
mich an die Geschichten, die mir darüber erzählt worden sind.
Erinnerung konstituiert sich nicht nur dadurch, was ich erlebt,

---

[157] Vgl. Behrisch, Sven: Rabinovici, Doron. In: Killy
Literaturlexikon. Autoren und Werke des deutschsprachigen
Kulturraumes, 2., vollständig überarbeitete Aufl. Berlin/New York
2010, S. 386–387 (hier S. 386).

[158] Vgl. Kilcher, Andreas: Rabinovici, Doron. In: Metzler Lexikon
der deutsch-jüdischen Literatur. Jüdische Autorinnen und Autoren
deutscher Sprache von der Aufklärung bis zur Gegenwart, 2.,
aktual. Und erw. Aufl. Stuttgart 2012, S. 413–415 (hier S. 413).

sondern auch darüber, was ich gehört und gelernt habe. Wenngleich ich mir sehr schmerzlich bewusst darüber bin, dass der Tod der Zeitzeugen viel verändern wird.[159]

Damit positioniert sich Rabinovici als Betroffener der ‚Postmemory‘. Gleichzeitig spricht er der ersten Generation eine größere Autorität zu und bekundet Angst vor den Veränderungen durch ein Ende der Zeitzeug_innengeneration. In *Andernorts* und *Suche nach M.*[160] befasst er sich dann auch mit genau dieser Thematik. Auch in *Ohnehin*[161] spielt diese Thematik eine Rolle. In dem Text gibt es z. B. die Figur des Lew Feininger, der Sohn von Überlebenden der Shoah ist. Anhand dieser Figur ließen sich Momente der ‚Postmemory‘ aufzeigen. Dirk Niefanger bezeichnet den Text als „ein Beispiel für die neue Erzählfreude nach der Postmoderne"[162] und zeigt anhand des Romans auf, dass die Shoah in den Köpfen der Opfer und ihrer Kinder keineswegs vorüber ist. Eine Vergangenheitsbewältigung in diesem Sinne gibt es vielleicht für die Täterkinder; für die Opfer und ihre Nachkommen, mit denen sie über das Ungeheuerliche kaum sprechen können, gibt es sie kaum.[163]

---

159 Waldow, Stephanie: „Vielleicht ist der Schriftsteller immer eine Art Botschafter." Doron Rabinovici im Gespräch. In: Dies. (Hg.): Ethik im Gespräch. Autorinnen und Autoren über das Verhältnis von Literatur und Ethik heute. Bielefeld 2011, S. 73–84 (hier S. 82).

160 Rabinovici, Doron: Suche nach M. Suhrkamp: Frankfurt a. M. 1999.

161 Rabinovici, Doron: Ohnehin. Suhrkamp: Frankfurt a. M. 2005.

162 Niefanger, Dirk: „Wie es gewesen sein wird". Opfer und Täter bei Doron Rabinovici. In: Bayer, Gerd/Freiburg, Rudolf (Hg.): Literatur und Holocaust. Würzburg 2009, S. 193–212 (hier S. 197).

163 Niefanger, S. 202.

Iris Hermanns stellt bezüglich des Textes fest, dass „die nicht einzuebnende Kluft zwischen Juden und Nichtjuden der zweiten Generation [...] die zentrale Grundfigur [von Ohnehin] bildet".[164] Es geht um eine Gruppe junger Erwachsener, die sich in einem transkulturellen Raum bewegt. Dabei werden spezifisch jüdische Geschichten mit Lebensläufen Angehöriger anderer Minoritäten in Österreich parallelisiert. Der Text würde sich also partiell für die vorliegende Arbeit anbieten, dennoch habe ich mich für eine genauere Analyse von *Suche nach M.* und *Andernorts* entschieden, weil anhand dieser Texte unterschiedliche Formen postmemorialer Verhandlungen der Shoah aufgezeigt werden können. *Suche nach M.* bietet viel Raum um das Konzept der ‚Postmemory' auszuleuchten und anhand von *Andernorts* lassen sich vielfältige Implikationen des Begriffs der Zeug_innenschaft und der Generationalität aufzeigen. Sie ergänzen sich also sehr gut.

3.1 Doron Rabinovicis *Suche nach M.*

In *Suche nach M.*[165] stehen sich als Protagonisten die beiden Söhne von Überlebenden, Arieh Fandler und Dani Morgenthau,

---

164   Hermann, Iris: Jüdische Besonderheit? Romane von Robert Schindel („Gebürtig"), Doron Rabinovici („Ohnehin") und Maxim Biller („Die Tochter"). In: Der Deutschunterricht 60/4 (2008), S. 73–79 (hier S. 78).

165   Der Titel verweist übrigens auf Fritz Langs Film *M – Eine Stadt sucht ihren Mörder* von 1931. Vgl. z. B. Bischoff, Doerte: Herkunft und Schuld. Identitätsverhandlungen in Doron Rabinovicis *Suche nach M.* In: Dies. (Hg.): Herkünfte. Beiträge zu einer Tagung aus Anlaß des 60. Geburtstags von Bernhard

gegenüber. Beide haben besondere Fähigkeiten, die mit dem Konzept der ‚Postmemory' erklärbar scheinen. Dies soll hier untersucht werden.

Erzählt wird der Text von einem heterodiegetischen Erzähler, wobei die Fokalisierung in jedem Kapitel wechselt, was zu einer fast fragmentarischen Erzählweise führt. Dies verstärkt den kriminalistischen Charakter des Textes und erzeugt gleichzeitig eine Polyphonie, die Eindeutigkeiten sofort ausschließt.

3.1.1 Transgenerationelle Traumatisierung und Aspekte der ‚Postmemory' am Beispiel von Dani

Dani wächst als einziges Kind in einer Familie von Überlebenden der Shoah auf. Über seine Mutter und seine Großmutter heißt es zu Beginn des Romans:

Zwischen den beiden herrschte einmütiges Schweigen. Eine Meldung in den Abendnachrichten genügte, die Erwähnung eines Naziprozesses, ein Portrait, ein Nachruf, eine Laudatio, die wesentliche Wehrdienstzeiten auszublenden wußte, und schon schossen die Frauen ihre Blicke kurz; schien die Luft geladen mit Erinnerung. Wenn die Frauen einander so anschauten, zirpte es in Danis Kopf, glaubte er zwischen ihnen Teilchen schwirren zu sehen, als zittre Gemück im Lichte nächtlicher Scheinwerfer.[166]

Greiner. Heidelberg 2004, S. 249–279 (hier S. 267); Lorenz, Dagmar C. G.: Verbrecher sind wir uns selbst. Täter und Verbrechenssuche in der Fiktion jüdischer Autoren in Österreich: Robert Schindel und Doron Rabinovici. In: Wiesinger, Peter (Hg.): Akten des X. Internationalen Germanistenkongresses Wien 2000. „Zeitwende – Die Germanistik auf dem Weg vom 20. ins 21. Jahrhundert". Bern u. a. 2002, S. 269–272 (hier S. 270).

[166] Rabinovici: Suche nach M., S. 28.

Hier werden exemplarisch Situationen beschrieben, in denen zwischen Danis Mutter und seiner Großmutter eine einvernehmliche, nonverbale Kommunikation stattfindet, was dem Sohn bzw. Enkel nicht entgeht. Er spürt ganz stark eine gewisse Spannung, ohne dass mit ihm darüber gesprochen würde. Er muss also die Leerstellen mithilfe seiner eigenen Fantasie befüllen, muss auf den Bereich des Imaginären zurückgreifen. Situationen dieser Art vermitteln Dani zwar Wissen über die persönliche Betroffenheit seiner Mutter und seiner Oma von der Shoah, über deren Überleben, weil er eben die Nachrichten o. ä. mit ihren Blicken in Verbindung bringt, die damit verbundenen Gefühle werden jedoch nicht besprochen und sind nur unterschwellig spürbar, weshalb Dani diese kaum verarbeiten bzw. verstehen kann.

Über die Vergangenheit seines Vaters, der die Shoah in einem Versteck überlebt, aber seine gesamte Familie verloren hat, weiß Dani ebenfalls wenig und muss wiederum Vieles erahnen. Das wird so beschrieben:

In gewissen Momenten schaltete Danis Vater auf einen anderen Sender. Er saß dann still; er war ein Stein, hielt seinen Sohn fest umfangen. Er war ein Sarg. [...] Die Vergangenheit des Vaters lag im Dunkel seines Schweigens. Es war, als verberge er sich noch in jenem Versteck am Warschauer Stadtrand, als verbliebe er in seiner Reglosigkeit, und er sagte nichts, klagte nicht, bloß über Rückenschmerzen, berichtete von ärztlichen Gutachten, von den Knochenschäden, von den Verkrümmungen seiner Wirbelsäule, und zeigte dem Sohn die Röntgenbilder seines Körpers, in welche die Stigmata seiner kindlichen Unbeweglichkeit eingezeichnet waren.[167]

---

[167]   Rabinovici: Suche nach M., S. 29.

Auch in diesem Fall wird Schweigen zum Ausgangspunkt der Kommunikation. Der Körper des Vaters kann hier als Zeugnis gelesen werden, als Spur, die unmittelbar auf die Vergangenheit verweist. Demnach ist die Erinnerung des Vaters eine verkörperte, deren Weitergabe an seinen Sohn wiederum über das Medium des Körpers und nicht über das der Stimme funktioniert: Er zeigt Dani seine körperlichen Schäden und muss so nicht über die Vergangenheit sprechen, was für ihn wohl zu schmerzhaft bzw. retraumatisierend wäre. Die Wirkung dieser Röntgenbilder auf Dani wird wie folgt beschrieben:

Auf den Folien erschien alles weiche Gewebe, das die Strahlen durchdrungen hatten, in Schwarz, während die Knochen weiße Verschattungen warfen. Dani konnte mit seinem Vater alle Verhärtungen, die nicht ausgeleuchtet worden waren, klar ausmachen, hörte in jenen Augenblicken vor dem Fernseher, wenn alles Gerede erstarb, die Auslassungen der Eltern, die vereinzelten Wörter, die Kürzel, vernahm das Innehalten, die verbissene Stille. Wie auf jenen medizinischen Aufnahmen des Gerippes waren alle Ausblendungen im grellen Kontrast zu erkennen. […] Woran seine Eltern sich nicht erinnern wollten, wovon sie zu reden mieden, konnten sie in aller Deutlichkeit nicht vergessen.[168]

Die Metapher des Kontrastes eines Röntgenbildes, die auf die Erinnerung der Eltern angewendet wird, zeigt, dass das Schweigen eine sehr starke Wirkung auf den Sohn hat, und dass der Verdrängungsmechanismus der Eltern nicht funktioniert, dass sie ihre Erlebnisse aus der Zeit der Shoah nicht vergessen, aber eben auch nicht darüber sprechen können. Es ist für die Eltern nicht möglich, dem Sohn gegenüber Zeugnis abzulegen, weil die Traumata zu schwer wiegen. Dennoch nimmt der Sohn viel wahr, wodurch sich hier auch zeigt, inwieweit das Schweigen als

---

[168]   Rabinovici: Suche nach M., S. 30.

Teil des Zeugnisses betrachtet werden muss, da es auf die Stellen verweist, die nicht in Worte zu fassen sind. Das heißt also, dass das Zeugnis hier nicht mit Worten, sondern eben wie am Beispiel des Vaters mit Gesten und mithilfe von verkörperter Erinnerung, oder auch über das Schweigen stattfindet und weitergegeben wird. Es wird demnach deutlich, wie eine transgenerationelle Weitergabe von Wissen über die Shoah und die familiäre Betroffenheit von dieser immer auch mit einer Weitergabe von Zeug_innenschaft zusammenhängt: Einerseits findet hier eine transgenerationelle Traumatisierung statt, andererseits wird Dani hier auch zu einem sekundären Zeugen, ihm wird Zeug_innenschaft vererbt, denn durch das Annehmen des Zeugnisses, was einerseits dadurch geschieht, dass er dem Schweigen zuhört, dem nicht-Sagbaren, andererseits z. B. durch das Betrachten des Röntgenbildes, zeugt Dani für seine Eltern und seine Großmutter.

Wenn Dani dennoch einmal Fragen über die Shoah stellt, beantwortet die Mutter sie „in schärfster Kürze. ‚Stehend', erklärte sie: ‚In Viehwaggons", und bremste den Jungen aus, ließ ihn entgleisen, bevor er noch recht in Fahrt gekommen war, um ihn abzuhängen, ihn verstummen zu lassen."[169] Die Kürze der Antworten lässt wiederum Raum für Danis Fantasie.

An anderer Stelle wird von den vielfältigen Erwartungen gesprochen, die an Dani herangetragen würden:

Er sollte ein Bursche sein, wie alle anderen seiner Klasse, doch durfte er sein Herkommen nicht vergessen, sollte den anderen seine Gleichwertigkeit und die der Juden schlechthin beweisen, sollte mithalten in der deutschen Sprache, ja besser noch als die übrigen sein, und gleichzeitig Hebräisch studieren, sollte die Dichter und Denker herbeten können, doch nie an sie glauben,

---

[169] Rabinovici: Suche nach M., S. 31.

sollte das Fremde sich aneignen, ohne sich dem eigenen zu entfremden.[170]

Da die Eltern Opfer der Shoah waren und sich als solche empfinden, wollen sie ihren Sohn keinesfalls in der Opferposition sehen; er soll ein Sieger sein. So muss Dani zwangsläufig scheitern – und genau davor hat er dann Angst, will seine Familie nicht enttäuschen,

nicht seine Oma, die in ihm die Wiederkehr der ermordeten Verwandten zu suchen schien; nicht den Vater, der den Anfang einer neuen, einer richtigen Geschichte herbeisehnte, einen Sohn, unbeschwert von der Last der Vergangenheit, doch erfüllt vom Vermächtnis der Überlieferung […]; nicht seine Mutter, in der die Angst lauerte, sie könnte das Kind belasten mit ihrer eigenen Kindheit, könnte versagen – mit jedem Wort, jeder Silbe, jedem Blick.[171]

Die Großmutter vergleicht Dani mit ermordeten Verwandten, was ihn mit anderen Identitäten überschreibt und ihm dadurch wenig Raum zur freien Entfaltung lässt. Es zeigt sich hier des Weiteren, dass Dani nur scheitern kann, an dem Vorhaben, seine Eltern nicht zu enttäuschen, weil sie einfach zu genaue Vorstellungen davon haben, wie er sein soll: Sie wollen nur das Beste für ihn, erwarten, dass er unbeschwert und fröhlich ist, während sie ihn gleichzeitig durch ihr Schweigen und die Erwartungen belasten und beschweren. Das zwangsläufige Scheitern wiederum muss bei ihm Schuldgefühle hervorrufen; er fühlt sich schuldig, wenn er seine Eltern enttäuscht, weil sie doch alles für ihn tun.

Dieses unbestimmte Gefühl der Schuld zeigt sich u. a. auch folgendermaßen: „Dani bat fortwährend um Verzeihung, aber

---

[170]   Rabinovici: Suche nach M., S. 36.
[171]   Rabinovici: Suche nach M., S. 36.

das fiel nur wenigen auf. In gewisser Weise glaubte er, sein bloßes Dasein rechtfertigen zu müssen."[172] Übertragen wurde auf ihn auch das Gefühl, anstelle der vielen ermordeten Verwandten zu leben. Außerdem wird er den Eltern zum Lebenssinn, was wiederum eine Rechtfertigungsnot hervorruft und die Frage in ihm auslöst, ob er selbst als Sinn ausreicht. Dies zeigt sich an folgender Textstelle:

Die Eltern sagten nie, daß sie bloß für ihn überlebt hätten, doch er hörte ihr Seufzen, sah in den Augen seines Vaters, daß sein Sohn der Vorwand ihrer Existenz hätte sein können, wenn die Toten dereinst fragen mochten, warum sie beide nicht ebenfalls umgebracht worden waren, und nachts, soviel wußte Dani Morgenthau, tauchten die Ermordeten in den Träumen seiner Alten auf und fragten sie aus. All ihre Gefühle der Schuld – er sog sie auf.[173]

Hier wird explizit das Schuldgefühl der Eltern, überlebt zu haben, benannt, was sich unmittelbar auf Dani überträgt, der das Gefühl hat, daran zu scheitern, Ersatz für alle Gestorbenen zu sein und gleichzeitig glaubt, nicht als Überlebensgrund auszureichen. Dieses Phänomen wird auch unter dem Begriff der ‚Überlebensschuld' gefasst, welchen Doron Rabinovici selbst in einem Essay definiert:

Die Überlebenden verfolgt das Gefühl, gegenüber den Ermordeten im Unrecht zu sein. Die Überlebensschuld ist ein psychoanalytischer Begriff, der nicht reale Schuld definiert, sondern ein irrationales Schuldgefühl der Überlebenden. Die Trauer um die Toten drängt die Überlebenden zur Frage, warum gerade sie, statt der Ermordeten, am Leben blieben, und evoziert ein Schuldgefühl. Kein Überlebender kann so unschuldig scheinen wie ein

---

[172]   Rabinovici: Suche nach M., S. 83.
[173]   Rabinovici: Suche nach M., S. 83.

getötetes Opfer, das gänzlich schuldlos war an seiner Ermordung in der Gaskammer.[174]

Es scheint mir von besonderer Bedeutung hervorzuheben, dass es sich bei diesem Gefühl um ein irrationales handelt, und keineswegs um eine reale Schuld.

Dani entwickelt schon früh als Kind die besondere „Fähigkeit, die, sobald sie geweckt wurde, nie mehr entschlummern und Dani schlaflose Nächte bereiten sollte, so daß er all seine Munterkeit verlor."[175] Als Kind hat er zwei Freunde, „Peter und Manfred, die Söhne des Hausbesorgers, [...] deren Streiche, Tricks, Fallen und Ladendiebstähle er staunend begleitete."[176] Dani selbst ist an ihren Streichen stets unbeteiligt, nimmt jedoch immer, von der ersten Begegnung an, jedwede Schuld auf sich, und sagt: „Ich war's. Ich bin schuld. Ich hab's getan"[177], ein Satz, der schon bald zu einer Formel werden wird. Es ist außerdem so, dass Dani von den Ideen der Brüder weiß, bevor sie ihre Taten vollziehen: „Er konnte die Taten der zwei anderen vorausahnen, ihnen auf den Kopf zusagen, was geplant war, welcher Streich ihrer harrte. Sie nannten ihn den ‚Gedankenleser'. Für die beiden war Dani der Mitwisser ihrer geheimsten Wünsche."[178] Danis Fähigkeit wird über die Kommunikation in der Familie erklärt: „Im Dunkel ihrer Geheimnisse verlor er sich nie; er sah im Schattenriß wortloser Auslassungen ihre Pläne, denn Schweigen war Teil der mündlichen Überlieferung seiner Familie."[179] Das Schweigen

---

[174] Rabinovici, Doron: Sprache und Schuld. In: Kilcher, Andreas/Mahlmann, Matthias/Müller Nielaba, Daniel (Hg.): „Fechtschulen und phantastische Gärten": Recht und Literatur. Zürich 2013, S. 37–55 (hier S. 53).
[175] Rabinovici: Suche nach M., S. 34.
[176] Rabinovici: Suche nach M., S. 32.
[177] Rabinovici: Suche nach M., S. 33.
[178] Rabinovici: Suche nach M., S. 34.
[179] Rabinovici: Suche nach M., S. 34 f.

seiner Eltern und seiner Großmutter hat nun also dazu geführt, dass er Dinge erahnen kann, die nicht gesagt werden.

Das Aufsichnehmen von Schuld kann also als Übertragung unbewusster Schuldgefühle der Eltern betrachtet werden: Dani agiert deren verdrängte Schuldgefühle aus. Bischoff beschreibt dies mit folgenden Worten:

Anstatt den Eltern jedoch als lebendiges, makelloses Bild eines Neubeginns vor Augen zu stehen, agiert Dani deren eigene Ängste und Traumata aus. So konkretisiert sich in ihm das von den Eltern unbewußt gehegte Gefühl, am Tod der Familienmitglieder und Freunde allein durch die Tatsache ihres eigenen Überlebens schuld zu sein [...][180]

Dies lässt sich mit Freud erklären, der davon ausgeht, dass Verdrängtes in Form von Handlungen ,erinnert' werde, in Form von wiederholenden Taten.[181] Nur ,erinnert' Dani in diesem Fall durch sein Verhalten nicht eigene verdrängte Momente, sondern an verdrängte Erinnerungen aus dem Unbewussten seiner Eltern.

Insgesamt zeigen sich in der Familie demnach Kommunikationsmuster, die zu Übertragungen von Erinnerung und Wissen auf der einen Seite und von Schuldgefühlen und Gefühlen des Scheiterns auf der anderen Seite führen. Das vermittelte Wissen wird in Form von knappen Fakten weitergegeben, die Dani fantastisch ergänzen muss, Gefühle sind nur unterschwellig für Dani spürbar und werden nicht erklärt, so dass er die persönliche emotionale Verstrickung in die Schrecknisse der Shoah nur schwer begreifen kann. Dies führt dazu, dass sich bei Dani Symptome

---

[180] Bischoff: Herkunft und Schuld, S. 256.
[181] Vgl. Freud, Sigmund: Erinnern, Wiederholen und Durcharbeiten [1914]. In: Ders.: Gesammelte Werke Bd. X (1913–1917), hg. v. Anna Freud u. a. Frankfurt a. M. [7]1981, S. 126–136 (hier S. 129).

manifestieren, die eindeutig der ‚Postmemory' und der spezifischen sekundären Traumatisierung von Kindern Überlebender zugeordnet werden können.

3.1.2 Transgenerationelle Traumatisierung und Aspekte der ‚Postmemory' am Beispiel von Arieh

Arieh ist der Sohn von Jakob und Ruth Fandler. Sein Vater, Jakov Scheinowitz, ist Überlebender der Shoah und nimmt später den Namen seiner zweiten, viel jüngeren Frau, Ruth Fandler, an und wird so zu Jakob Fandler. Ähnlich wie Dani sieht Arieh sich bezüglich der Vergangenheit seines Vaters vor allem mit Schweigen konfrontiert. Dies lässt sich anhand des Wunsches seines Vaters, der Sohn solle Kampfsport lernen, verdeutlichen. Das Gespräch darüber läuft folgendermaßen ab:
„Dich soll keiner ungestraft schlagen, Arieh. Hörst du? Dich nicht", hatte der Alte gesagt, und als Arieh wissen wollte, ob Papa einst geschlagen worden sei, antwortete der bloß: „Dich nicht, hörst du." Aber seine Mutter, fünfundzwanzig Jahre jünger als ihr Mann, sagte drei Tage später: „Auf dem Rücken – die Narben."[182]
Der Vater antwortet dem Sohn nicht auf seine Fragen; es wird jedoch gleichzeitig deutlich, dass er nur das Beste für seinen Sohn möchte, ihn beschützen will. Antwort bekommt Arieh von seiner Mutter, aber auch sie antwortet – ähnlich wie Danis Mutter – einsilbig und ohne weitere Erklärungen. Es wird erneut Raum für die Imagination gelassen. Ebenso werden hier nur wenige Worte für etwas verwendet, was eigentlich vieler bedürfte, und

---

[182]   Rabinovici: Suche nach M., S. 49.

ebenso wie in Danis Familie erreichen die emotionalen Betrof-
fenheiten den Sohn nur unterschwellig.

Das Schweigen des Vaters wird des Weiteren wie folgt beschrieben:

Der Vater bewahrte das Dunkel seiner Vergangenheit, hellte
die Schatten, in denen er Arieh erzog, nicht auf. Der Sohn tappte
umher in dieser Finsternis, spürte eine Art Feindseligkeit, die der
Alte gegen ihn zu hegen schien und der Junge sich nicht zu erklären wußte. In Arieh saß eine geheimnisvolle Schuld, von der
er nichts ahnte, die aber seinem bloßen Dasein, der Gegenwart
schlechthin, anhaftete. [...] Arieh war, als mißgönne der Vater
ihm jegliches Gelingen und als bestätige sein gelegentliches
Scheitern bloß des Alten Unmut.[183]

Auch Arieh werden also Schuldgefühle übertragen, ohne
dass er wissen kann, wofür er sich schuldig fühlen müsste. Er
fühlt sich schuldig, einfach weil er lebt.

An einer Stelle entwickelt sich folgendes Gespräch zwischen
Arieh uns seinem Vater:

„[...] Hör mal, Arieh? Was weißt du über dich, was über
mich, über deine Familie? Hast du überhaupt eine Ahnung von
dir? Wer du bist, Arieh?" Der Sohn schrie auf: „Du sagst das?
Du? Kaum zieh ich eine Jacke an, die dich erinnert an alles, das
du zu vergessen suchst, kommst du mit der Vergangenheit, von
der du mir nie erzählt hast. Nie! [...]"[184]

Hier zeigen sich die widersprüchlichen Erwartungen, die der
Vater an Arieh heranträgt, dass dieser alles über seine Familie
und damit über seine Identität wissen solle. Damit erwartet der
Vater eben auch, dass Arieh über die Shoah Bescheid wissen soll,

---

[183] Rabinovici: Suche nach M., S. 49.
[184] Rabinovici: Suche nach M., S. 56 f.

und über das eigene Überleben, obwohl er ihm nie davon erzählt, weshalb Arieh dieser Erwartung auch nicht gerecht werden kann.

Daraufhin beginnt der Vater endlich über seine Zeit in Krakau zu berichten:

Er erzählte, erzählte von seiner Familie, von Frau und Kind, die alle ermordet worden waren. „Sie war sechs, als sie verschleppt wurde; vierzehn Jahre jünger ... als du jetzt ... Chavah hieß sie. – Meine Tochter ...", stammelte der Vater, worauf Arieh fragte: „Dann habe ich eine Schwester?" Doch der Alte schrie ihn an, als wäre der Bruder schuld an der Ermordung der Erstgeborenen: „Nein. Verstehst du nicht? Sie ist tot! Tot!" Sie standen einander gegenüber. „Was weißt du schon", sagte Jakov, und Arieh sprach im Echo: „Ja, was weiß ich schon? Was hast du mir nicht alles verschwiegen? Papa, ist es meine Schuld?"[185]

Der Vater berichtet Arieh hier zum ersten Mal von seiner Familie, die er durch die Shoah verloren hat. Dieses Gespräch kann wiederum als Beispiel dafür betrachtet werden, wie Schuldgefühle an Kinder von Überlebenden übertragen werden, ohne dass dies offen formuliert würde. Scheinowitz verspürt Wut auf seinen Sohn, woraufhin dieser sich schuldig fühlt, was er artikuliert, indem er seinen Vater fragt, ob er Schuld sei. Scheinowitz formuliert hier außerdem eine Enttäuschung darüber, dass sein Sohn den Verlust nicht verstehen könne. Die „geheimnisvolle Schuld, die seinem bloßen Dasein anhaftete", wird hier deutlicher fassbar: Der Vater scheint Schuld zu empfinden, dass er eine neue Familie nach Auschwitz gegründet hat, Schuld gegenüber seiner ermordeten Familie: Eine Schuld, die er wiederum auf seinen Sohn Arieh überträgt, „als wäre der Bruder schuld an der Ermordung der Erstgeborenen". Eine Schuld, die Arieh selbstverständ-

---

[185] Rabinovici: Suche nach M., S. 57 f.

lich auch spürt. Auch hier verknüpft sich diese Schuldübertragung letztendlich mit einer sekundären Zeug_innenschaft bzw. mit einer Weitergabe der Möglichkeit, zu bezeugen, denn der Vater erklärt den Ursprung der Schuldgefühle, während er gleichzeitig Zeugnis über die Shoah gegenüber seinem Sohn ablegt, wodurch auch dieser zum Zeugen wird. Außerdem zeigt sich hier eindrücklich, dass eigentlich auch Jakov Scheinowitz bereits sekundärer Zeuge ist, da er Zeugnis ablegt für seine Tochter und seine Frau, die ermordet worden sind.

Arieh entwickelt ebenso wie Dani eine besondere Fähigkeit, die zwischen Gabe und Fluch changiert. Doch anders als Dani ist es bei ihm nicht so, dass er immer alle Schuld auf sich nimmt, sondern er ist in der Lage, Schuldige aufzuspüren, indem er sich in sie einfühlt, sich fast schon in sie verwandelt. Diese Fähigkeit wird ähnlich wie im Fall Danis als quasi surreal, mindestens unerklärlich beschrieben. Zum Beispiel fühlt er auf der Suche nach einem Neonazi zu Beginn des Romans, „jenes Perlen in den Gedanken und den Schläfen, das ihn in der Mathematik erfüllt hatte, wenn er […] blindlings zum Ziel fand; auf neuen Wegen."[186] Und weiter: „Er geriet in einen Zustand, der ihn erst beunruhigte, dann ängstigte. Die Suche nach dem Schuldigen wurde zur Sucht."[187] Wie bei Dani wird ihm seine Fähigkeit zu einem Zwang; er kann nicht anders, sich mit nichts anderem befassen. Sie führt letztlich dazu, dass er in Israel als Geheimagent rekrutiert wird.[188] Bei seiner Arbeit macht er Feinde des Staates ausfindig, in dem er sich auf seine Fähigkeit verlässt, die dazu führt, dass er sich ihnen optisch annähert. Dies wird z. B. so beschrieben:

[…] Bein [Arieh (er hat inzwischen den Namen seiner Frau angenommen)] las in den Metamorphosen, die von ihm Besitz

---

186 Rabinovici: Suche nach M., S. 50.
187 Rabinovici: Suche nach M., S. 51.
188 Vgl. Rabinovici: Suche nach M., S. 63–67.

ergriffen hatten, eine Spur; die Fährte des Feindes. So war es, wenn er auf Jagd ging. Er meinte zum Ebenbild desjenigen zu werden, den er verfolgte. Auf diese Weise fand er sein Ziel, die Beute.[189]

Interessant ist vor allem, dass der Vorgang der Verwandlung hier als unbewusster beschrieben wird, ebenso wie Dani kann er seine Fähigkeit nicht steuern, sie „ergreift Besitz von ihm".

Winfried Freund schreibt bezüglich der Figur des Scheinowitz, dass die „totgeschwiegene Vergangenheit [zwanghaft] in die Gegenwart hinein[wirkt] und […] das Handeln und Verhalten […] seinem Sohn [Arieh] gegenüber [bestimmt], den er in die eigene Geschichte verwickelt, indem er versucht, ihn davor zu bewahren."[190] Arieh wird also stark von der Vergangenheit des Vaters bestimmt, so dass dessen Erinnerung das eigene Leben überschattet, obwohl der Vater ihn eigentlich beschützen will, ebenso wie Danis Mutter auch Angst hat, ihren Sohn zu belasten.

Es ist auch so, dass Arieh beginnt, Verhaltensweisen seines Vaters zu wiederholen. Beispielsweise indem auch er den Namen seiner Frau annimmt:

Jakov Scheinowitz war seit langem tot, doch sein Vermächtnis lebte fort, der Sohn wechselte die Namen öfter, als sein Vater es je getan hatte. […] Um dem Verwirrspiel seines Vaters zu entgehen, hatte er beide Familiennamen, Scheinowitz und Fandler, abgestreift, dafür denjenigen seiner Frau Navah angenommen. Nun hieß er Arieh Arthur Bein, meinte, die Farce wäre damit überwunden, und merkte nicht, daß er mit dieser Entscheidung der Verwechslungskomödie des Vaters die Krone aufsetzte.[191]

An einer anderen Stelle sagt seine Frau Navah zu ihm:

---

189 Rabinovici: Suche nach M., S. 141.
190 Freund, S. 184.
191 Rabinovici: Suche nach M., S. 140.

Du machst dich vor deiner Tochter zum Geheimnis. Versteckst, was du denkst, was du machst, wer du warst, was du bist. Gefällst dir in der Rolle des Unbekannten, Unangreifbaren. Du bist ein Fremder für sie. Merkst du es nicht? [...] Arieh, du wiederholst an deinem Kind alles, was dein Vater dir antat. Begreifst du nicht? Du bist nur ein Gast für uns. Sie weiß nicht, wer du bist![192]

Damit zeigt sich auch bei Arieh ein Wiederholungszwang, wie er von Freud beschrieben wird. Freud beschreibt dieses Phänomen folgendermaßen: „[E]r [der Patient] wiederholt alles, was sich aus den Quellen seines Verdrängten bereits in seinem offenkundigen Wesen durchgesetzt hat, seine Hemmungen und unbrauchbaren Einstellungen, seine pathologischen Charakterzüge."[193] Wie bei Dani ist es bei Arieh jedoch so, dass er Verhaltensmuster wiederholt, die sich im Wesen seines Vaters bereits aus dessen Verdrängten festgesetzt hatten. Dies ist also ebenfalls ein Effekt der transgenerationellen Traumatisierung im Sinne einer ‚Télescopage': Das Unbewusste des Vaters schiebt sich in das Unbewusste Ariehs.

Das Phänomen der ‚Postmemory' wird im Text besonders eindrucksvoll von der Figur Fischer beschrieben. Er äußert sich zu dieser Thematik in einem Gespräch mit Arieh mit folgenden Worten:

So seid ihr Kinder. Mit euch sollten alle, die ermordet worden waren, wieder auferstehen [...], in euch wollten wir überleben, wollten wir uns freikaufen von allen Schuldgefühlen gegenüber den Opfern, und haben auf diese Weise die ganzen Rückstände auf euer Konto, an solche *Jingellachs* wie Dani und dich überwiesen. Wie steht bei Jeremia geschrieben: ‚Die Väter haben

---

192   Rabinovici: Suche nach M., S. 152.
193   Freud: Erinnern, Wiederholen und Durcharbeiten, S. 131.

saure Trauben gegessen, und den Kindern werden davon die Zähne stumpf.'[194]

Hier wird ‚Postmemory' genauso beschrieben, wie von Hirsch definiert, nämlich als Struktur transgenerationeller Weitergabe von Wissen, Erinnerung, Schuld, u. s. w. Auch Navah, Ariehs Frau, sagt an einer Stelle zu ihm: „ […] Wir, unsere ganze Generation, wir wurden alle mit einer blauen Nummer am Arm geboren! Alle! Sie mag unsichtbar sein, aber sie ist uns eintätowiert; unter die Haut."[195] Diese Aussage zeigt die Verbundenheit der zweiten zur ersten Generation. Die Kinder von Überlebenden wären somit gleichfalls als Überlebende zu betrachten, deren Erbe eben im Überleben und damit auch im Erinnern liegt.

Auch Beilein sieht Schuld als zentrales Thema des Textes an. Er beschreibt das wie folgt: „Das Trauma der ‚Mitunschuldigen' Dani und Arieh ist das Schuldgefühl der Eltern, die Shoah überlebt zu haben, und dieses Gefühl geben sie durch ihr Schweigen an die Kinder weiter."[196] Beilein weist also das Schweigen als ein zentrales Medium der Weitergabe von unbewussten Erinnerungen und Traumatisierungen. Dieses „Trauma der ‚Mitunschuldigen'", wie Beilein es bezeichnet, kann auch als Moment der ‚Postmemory' gelesen werden.

---

[194]   Rabinovici: Suche nach M., S. 188.
[195]   Rabinovici: Suche nach M., S. 219.
[196]   Beilein, Matthias: Unter falschem Namen. Schweigen und Schuld in Doron Rabinovicis *Suche nach M.* In: Monatshefte für deutschsprachige Literatur und Kultur 97/2 (2005), S. 250–269 (hier S. 257 f.).

3.1.3 Die Figur des ‚Mullemann‘

Dani nimmt nicht nur jedwede Schuld auf sich, sondern fühlt sich auch wirklich schuldig. Im Zuge dessen bekommt er ein Jucken auf seinem Oberarm, einen „Ausschlag aus Pusteln und Schuppenhöfen [...], den er mit allerlei Salben behandelte, zuweilen mit einem Verband einfaschte."[197] Es zeigen sich also auch psychosomatische Symptome der transgenerationellen Traumatisierung, welche sich im weiteren Verlauf des Textes bis ins Surreale steigern. Arieh und Dani werden einander angenähert, als Danis Zustand sich immer mehr verschlechtert und er zu ‚Mullemann‘ wird (zumindest ist dies eine mögliche Lesart des Textes). Die Figur des ‚Mullemann‘ bietet eine Fülle an Verweisstrukturen: Beispielsweise weist die Bezeichnung ‚Mullemann‘ auf die sogenannten ‚Muselmänner‘ hin,[198] dies wird z. B. mit dieser Aussage der Figur Fischer angedeutet:

Aber eines sage ich dir, Arieh, [...] [d]er einzige Weg aus der Vergangenheit in die eigene Zukunft führt über die Erinnerung. Fahr mit mir nach Krakau, sonst wirst du noch wie dieser Mullemann, wirst du eine Gestalt, die sich aufgegeben hat, wie einer von jenen, die wir im Lager Muselmänner nannten, die Todgeweihten, die in Fetzen auf das Ende warteten und alle Hoffnung aufgegeben hatten.[199]

Diese Textstelle hebt außerdem die Bedeutung von Erinnerung und Zeug_innenschaft für die zweite Generation, für die Betroffenen der ‚Postmemory‘ hervor.

Arieh liegt nach einem Unfall im Krankenhaus, ebenso wie ‚Mullemann‘, „und Mullemann klopft"[200] Morsezeichen in ein

---

[197]   Rabinovici: Suche nach M., S. 69.
[198]   Vgl. z. B. Bischoff: Herkunft und Schuld, S. 269.
[199]   Rabinovici: Suche nach M., S. 188 f.
[200]   Rabinovici: Suche nach M., z. B. S. 104.

Heizungsrohr; die Nachrichten empfängt Arieh und bekommt es mit der Angst zu tun, denn ‚Mullemann' zeigt sich als „das Phantom seiner Schuld"[201], der über seine Tätigkeit als Geheimagent und alle seine Fälle, die zum Erfolg, also zur Ermordung eines Staatsfeindes geführt haben, Bescheid weiß. Mullemann richtet seine Morsezeichen direkt an Arieh. Immer wieder stellt er die Frage: „Hörst du?"[202], was die Nachricht gewissermaßen zu einem Zeugnis macht, das sich erst in der Anrede, mithilfe eines Zuhörers oder einer Zuhörerin konstituieren kann. Interessant ist in diesem Kapitel vor allem der Inhalt der Nachrichten, in denen sich ein Ich mit Mullemann auseinandersetzt und dabei immer wieder zwischen der dritten und der ersten (grammatikalischen) Person hin und her wechselt. Hier findet also eine innere Spaltung statt, die das Aufsichnehmen der ganzen Schuld wohl erst ermöglicht. Es wird berichtet von den „Verwicklungen [und] Verstrickungen, in die Mullemann sich fangen ließ, in die er einst geriet".[203] Die Verbände, in die Dani sich aufgrund seines Ausschlags wickelt, dienen also auch als Metapher, beispielsweise für die Schuld, in die er sich verwickelt, von der er sich hat fangen lassen. „Bald wußte Mullemann nicht mehr, wo sein Verband endete, wo seine Haut begann"[204], was überhaupt erst zu der Verwandlung in ‚Mullemann' führt. Dani nimmt so viel Schuld auf, dass seine Haut zu Gewebe, zu Textur wird, er sich in der Schuld ‚verheddert' und seine Identität sich auflöst. Das zeigt sich auch an folgender Stelle, die die Spaltung des Ich erneut hervorhebt:

Mullemann liegt unter Bandagen, doch wer ist Mullemann? Vielleicht bin ich, ist Mullemann, kein Mensch aus Fleisch und

---

[201]   Rabinovici: Suche nach M., S. 115.
[202]   Rabinovici: Suche nach M., S. 104, 106, 111, …
[203]   Rabinovici: Suche nach M., S. 106.
[204]   Rabinovici: Suche nach M., S. 111.

Blut, vielleicht bin ich bloß von Verbänden und Kompressen durchdrungen, bin ich gänzlich in mich verschlungen. Zuweilen scheint mit, als wäre Mullemann ein Schmerzpaket zahlloser Tode; nichts als ein Erinnerungsbündel aus verschiedenen, zufällig verwobenen Mullrollen.[205]

Hier wechselt der Erzähler zu einem homodiegetisch-autodiegetischen, was darauf hindeutet, dass hier der Inhalt der gemorsten Nachrichten wiedergegeben wird. Dies wird aber nicht kenntlich gemacht, wodurch es nicht sofort ersichtlich ist. Hier zeigt sich, dass Dani nicht Mensch bleiben konnte, bei all der Schuld und all den Verbrechen, die er in sein Innerstes aufgenommen hat; er braucht den Verband gleichfalls als Stütze und muss sich in Gewebe verwandeln, um seine Existenz zu ertragen. All die Schmerzen, die er auf sich nimmt, um zu erinnern, füllen ihn zur Gänze aus, so dass nichts mehr von ihm übrig bleibt. Dies lässt sich auch als Übersteigerung einer ‚Postmemory' lesen, bei der ein Kind von Überlebenden sein eigenes Dasein überschattet sieht von all den ermordeten Verwandten. Mullemann als Erinnerungsbündel kann endlich die überverantwortende Pflicht Danis erfüllen, all der „zahllosen Tode" zu gedenken. Nur dass er nicht nur an die in der Shoah gestorbenen Verwandten erinnert, sondern an alle Toten, die ihm begegnen, alle Verbrechen nimmt er gleichermaßen auf und wird zum ‚totalen Zeugen'.

Irgendwann wird eine Fahndung nach ‚Mullemann' ausgesprochen, da er sich so vieler Verbrechen schuldig bekennt.

Doch einige Großväter widersprachen, hörten die Worte ihrer Söhne und warnten im Schaukelstuhl vor den Abendnachrichten, wenn all das neu aufgerollt werden sollte, würde Schrecklichstes geschehen, würde sich bei solch einer Abwicklung der Gesamtverband der Gemeinschaft auflösen. […] Wer, so fragten

---

Rabinovici: Suche nach M., S. 114.

einige Großväter mit zitterndem Zeigefinger, wäre in der Stadt und in diesem Land denn frei von Schuld? [...] Sollten all die Anstrengungen ihrer Generation vergeblich gewesen sein? Hatten sie nicht alle Spuren im Wiederaufbau verwischt, alle Erinnerungen mit verbissenem Schweigen ausgelöscht? Wer wisse, so die Alten, welche Gespenster der Vergangenheit unter den Stofflagen dieses Mannes steckten; welche Geheimnisse dieser Larve, dieser Raupe, die Bekenntnisse statt Purpursekret ausscheide, noch entschlüpfen mochten.[206]

Hier wird mithilfe der Sichtweise einiger ‚Nazi-Großväter' recht explizit eine weitere Deutungshypothese bezüglich der Mullbinden-Metaphorik ‚Mullemanns' und deren Verwicklungen ausgesprochen. Hierbei dient der Verband ‚Mullemanns' als Sinnbild für einen gesamtgesellschaftlichen Verband, der alle Schuld verdeckt. Dies deutet auf eine Gesellschaft, die sich ihrer historischen Schuld bezüglich der Shoah nicht stellt, sondern zu dem Thema lieber schweigt. Ein solches Schweigen wird hier eindeutig als Verdrängungsmechanismus und eben nicht – wie bei Danis Eltern oder Ariehs Vater – als Teil eines Zeugnisses markiert. Dennoch sehen sich Dani und Arieh mit einem doppelten Schweigen konfrontiert: dem der Eltern und dem des Landes, in dem sie leben.

Die Verbände ‚Mullemanns' können also als Spuren von Schuld gelesen werden und damit als Spuren von Verbrechen. Für die Figur ‚Mullemanns' ist es nötig, die Verbände zu entwirren, der Schuld nachzuspüren, um letztendlich die darunterliegenden Wunden heilen zu können und ihm die Möglichkeit zu geben, wieder zu Dani zu werden.[207] Gesamtgesellschaftlich betrachtet hieße das, dass es nötig wäre, eine Entwirrung der Schuld

---

[206] Rabinovici: Suche nach M., S. 183.
[207] Vgl. Rabinovici: Suche nach M., S. 268 f.

bezüglich der NS-Verbrechen (aber der Text weist darüber hinaus) zu vollziehen und das Schweigen zu durchbrechen. ‚Mullemann' selbst beschreibt sein ständiges Bekennen an einer Stelle dahingehend, wenn er appelliert: „Genug mit dem Lügen und Leugnen dieses Landes. Schluß mit dem Schweigen. Wir müssen künden: Ich war's. Ich bin's gewesen. Ich hab's getan."[208] So schließt auch Bischoff ihren Aufsatz zu *Suche nach M.* letztendlich mit einem Ausblick auf einen möglichen Umgang mit der Problematik des Erinnerns an Auschwitz, und zwar mit folgenden Worten:

‚Auschwitz' kann nicht als Teil einer Leidensgeschichte in eine identitätsstiftende Erzählung, und sei es eines Kollektivs als Schicksalsgemeinschaft, integriert werden. Es kann aber gleichsam als Herkunft aller erinnert werden, insofern es die Überschreitung der Grenze des Humanen im 20. Jahrhundert markiert, die zu schützen fortan nicht allein den Opfern und Tätern bzw. deren Nachkommen, sondern allen aufgegeben ist.[209]

Der Text verweist also ganz klar auf eine Verantwortung seitens aller Menschen, zu erinnern und appelliert vielleicht im Sinne Assmanns an die Konstituierung einer moralischen Gemeinschaft. Demzufolge könnte der Roman als ein moralisches Zeugnis betrachtet werden.

3.2 Doron Rabinovicis *Andernorts*

Doron Rabinovicis *Andernorts* beginnt und endet jeweils mit dem Tod eines Überlebenden der Shoah, womit dem Text ein

---

[208]   Rabinovici: Suche nach M., S. 252.
[209]   Bischoff: Herkunft und Schuld, S. 279.

Rahmen gesteckt wird, der sofort die Frage nach einem Umgang mit dem Ende der Zeitzeug_innengeneration aufwirft. Im weiteren Verlauf verhandelt der Text auf vielfältige Weise Möglichkeiten und Schwierigkeiten eines Bezeugens in der Generation der Nachgeborenen.

Ich werde hier zunächst die Situation der Zeitzeug_innen analysieren. In einem weiteren Gliederungspunkt werde ich der Frage nachgehen, inwiefern Genealogien im Text verhandelt werden und inwieweit sich Brüche und Diskontinuitäten zeigen, um dann in einem dritten Punkt auf konkrete Aspekte der ‚Postmemory‘ und eine mögliche transgenerationelle Weitergabe von Zeug_innenschaft einzugehen.

3.2.1 Zeitzeug_innenschaft in *Andernorts*

Am Anfang stirbt Dov Zedek, ein Freund von den Eltern des Protagonisten, Ethan Rosen, der während der NS-Zeit mit einer zionistischen Jugendorganisation nach Israel gekommen ist.[210]

---

[210] Dabei stellt sich die Frage, ob es sich bei seinem Aufenthalt und Leben in Israel um ein Exil oder um eine Heimkehr ins ersehnte Zion handelt, d. h. ob von einer Flucht oder einer Emigration die Rede sein muss. Ethan Rosen liest auf dem Heimflug von der Beerdigung in Jerusalem jedoch den Nachruf auf Dov Zedek u. a. auch deswegen mit kritischem Blick, weil dort „von Flucht und Verfolgung nicht die Rede war, sondern immer nur von Emigration". Rabinovici: Andernorts, S. 22. Es scheint wichtig mitzudenken, dass Zedek Opfer von Verfolgung war. Zu dem Thema sagt jedoch an anderer Stelle dieser selbst: „Ich merke, daß ich in den Augen der anderen nicht mehr Dov Zedek bin, ein Pionier, ein Kämpfer, sondern der Flüchtling, kein Held, sondern das Opfer, und allmählich taucht Adolf Gerechter, der Judenjunge aus Wien, in mir auf." Rabinovici: Andernorts, S. 69. Dov Zedek

Am Ende des Romans stirbt dann Felix Rosen, der Vater von Ethan Rosen, der das Lager Auschwitz überlebt hat. Ethan Rosen muss sich also von Anfang an mit dem Ende der Zeitzeug_innengeneration befassen. Im Flugzeug liest er einen Nachruf auf Dov Zedek, der die Thematik des Gedenkens behandelt. Das beides sind Themen, die den gesamten Text durchziehen.

An einer Stelle gewährt der Text Einblick in die Gedanken von Felix Rosen:

Er [Felix Rosen] war nicht als Zionist ins Land gekommen, sondern bloß mit letzter Kraft. [...] Ihn hatte vor allem beschäftigt, nicht zugrunde zu gehen. [...] Damals war es noch kein Verdienst gewesen, ein Opfer, ein Überlebender zu sein. Die Schmach der Verfolgung haftete an ihm. Er stank nach Angst und Tod. Die Leute wollten nicht hören, wie es ihm ergangen war. Keiner wollte wissen, wie er den Mördern entronnen war. Niemand wagte zu fragen, wieso er nicht umgebracht und verbrannt worden war, aber er fühlte, daß er unter Verdacht stand, allein weil er noch existierte. Kaum jemand hatte sich damals für einen wie ihn [...] interessiert. Aber Dov Zedek sehr wohl. Er hatte nach ihm gesucht, ihn wiedergefunden und aus dem Lager herausgeholt.[211]

Felix Rosen spricht hier an, dass er nicht aufgrund von politischen Interessen nach Israel gekommen ist. Außerdem zeigt sich hier, dass Felix das Gefühl hat, dass andere ihn für schuldig halten, was darauf hindeutet, dass er sich selbst schuldig fühlt, überlebt zu haben, während so viele andere ermordet wurden.

---

will also gerade nicht als Opfer gesehen werden und plädiert für die andere Sichtweise. Der Text untergräbt damit einfache Zuordnungen und bezieht die Komplexität von individuellen Schicksalen mit ein.

[211]   Rabinovici: Andernorts, S. 107.

98

Hier wird erneut die Irrationalität der sogenannten ‚Überlebensschuld' verdeutlicht. Insgesamt geht aus dem Zitat auch hervor, dass hier derjenige, der Auschwitz überlebt hat, nicht in der Lage ist, Zeugnis darüber abzulegen. Dies liegt für Felix vor allem daran, dass ihm keiner zuhören wollte, keiner außer Dov Zedek. Felix kann kein Zeugnis ablegen, weshalb Zedek derjenige ist, der „für den Zeugen zeugt", indem er ihm zuhört und sich für seine Geschichte interessiert. Denn wie gezeigt wurde, ist es das Zuhören, was das Zeugnis erst möglich macht. Es zeigt sich an diesem Beispiel also, dass die Exilsituation Zedeks eine spezifische Möglichkeit, die Shoah zu bezeugen, generiert.

An einer anderen Stelle im Text, als Ethan sich Tonbandaufnahmen, die Zedek ihm nach seinem Tod hat zukommen lassen, anhört, spricht dieser über die vielen Male, die er als Zeitzeuge aufgetreten ist. Er sagt dazu Folgendes:

In den letzten Jahren wurde ich bereits ohne Ende betrauert. Sie laden mich ein, damit ich den Überlebenden spiele. Ich trete als Zeitzeuge auf. Ich bin der letzte Mohikaner. Ich werde angeschaut wie das übriggebliebene Exemplar einer ausgestorbenen Art. Um mich das Getuschel, denn so etwas wie mich sollte es doch gar nicht mehr geben. Dann die Bitte, ich möge ein paar Sätze sprechen, und jedes meiner Worte klingt daraufhin wie ein letztes, wie ein Abschied, ja, wie eine Nachricht aus dem Jenseits.[212]

Hier zeigt sich, dass er es selbst als Inszenierung begreift, wenn er „den Überlebenden spielt". Er selbst ist auch nie in einem Lager gewesen, er spricht also über etwas, das andere näher erlebt haben. Er legt ein Zeugnis ab für jemand anderen, nämlich für Felix Rosen. Dov Zedeks Zeugenschaft könnte also bereits

---

212 Rabinovici: Andernorts, S. 63 f.

als „sekundären Zeugenschaft"[213] bezeichnet werden. Es könnte so gelesen werden, dass er für Felix zeugt, weil das für diesen selbst zu (re-)traumatisierend wäre.

Doch auch für Zedek ist das Bezeugen eine traumatische Erfahrung. Er sagt weiter über diese Zeitzeugen-Gespräche:

Ich spreche von der Schmach, die mich einholt. Ich gebe Bericht. Ich hetze von einem Event zum anderen, als ginge es wieder um mein nacktes Leben. Was den Mördern in ihrem Haß nicht gelang, schaffen ihre Kinder und Kindeskinder in ihrer Güte. Es ist ein Fluch. [...] Die Toten sind mir auf den Fersen.[214]

Zedek sieht sich jetzt also auf der Flucht vor den Toten. Auch dies könnte auf das irrationale Gefühl der ‚Überlebensschuld' hindeuten. Es ist auch festzuhalten, dass die Zeug_innenschaft Zedeks generell nicht auf eine sekundäre beschränkt werden kann, da er auch für sich selbst und über seine eigenen Erlebnisse Zeugnis ablegt. Denn auch er ist Opfer der Nazis gewesen, auch wenn er fliehen bzw. rechtzeitig ausreisen konnte, und auch er ist traumatisiert durch seine eigenen familiären Verluste und die Fluchterfahrung.

In denselben Tonbandaufnahmen wiederholt sich immer wieder der Satz: „Für mich muss kein Kaddisch gesprochen werden."[215] Diesen Imperativ begründet Zedek damit, dass sein Vater nicht überlebt hat:

Es heißt, mein Vater sei im Novemberpogrom aufgegriffen worden, ein alter verwirrter Mann. Mitten in den Morden hat er jeden nach seinem Sohn gefragt. Er wurde zusammengeschlagen und festgenommen, dann nach Dachau geschickt. Noch im Zug soll er jedem meinen Namen genannt haben. Ob irgendwer wisse, was mit mir sei. Wer, sag mir, wer wird je verzweifelter um mich

---

213   Baer: Einleitung, S. 11.
214   Rabinovici: Andernorts, S. 64.
215   Rabinovici: Andernorts, z. B. S. 47, 58.

weinen, als mein Vater? Nein, Ethan, für mich muss kein Kaddisch gesprochen werden.[216]

Das Dilemma an dieser Situation war, dass Zedek, der zuvor Adolf Gerechter geheißen hatte, seinen Namen geändert hatte und somit für den Vater unauffindbar bleiben musste. Die zitierte Geschichte muss jemand Dov Zedek nach seiner Flucht nach Israel erzählt und er muss zugehört haben, womit er zum Zeugen wurde. Dieses Zeuge-Sein, Zeuge des Mordes am eigenen Vater, scheint ihn so stark traumatisiert zu haben, dass er von da an nicht mehr aufhören kann, Zeugnis abzulegen:

Ich wollte, ich könnte mich entziehen. Aber es ist Adolf Gerechter, der nicht nein sagen kann, wenn ich zum Gedenken gebeten werde. Er ist es, der mich jede Theatervorstellung, jede Lesung, jeden Film zu diesem Thema zu besuchen nötigt. Er ist es, der mich von einer Klasse zur anderen laufen und Jugendliche nach Auschwitz begleiten läßt. Er ist stärker als ich, als Dov Zedek.[217]

Hier findet gewissermaßen eine Aufspaltung der Identität statt, dies erinnert an Scheinowitz/Fandler oder auch an Mullemann/Dani und Arieh Arthur Bein/Fandler. Die Suche nach Identität bzw. die Verortung des Selbst scheint aufgrund der traumatisierenden Erfahrungen in all diesen Fällen erschwert. Im Fall von Zedeks Aufspaltung scheint Adolf Gerechter für den verfolgten und entkommenen, traumatisierten „Judenjungen"[218] zu stehen, der sich schuldig fühlt, weil er überlebt hat und u. a. sein Vater nicht, während Zedek für den Zionisten steht, der stark genug ist, Zeugnis abzulegen. Adolf Gerechter sorgt in ihm für den Drang, Zeugnis abzulegen, dem er nicht entgehen kann, dem er

---

216   Rabinovici: Andernorts, S. 61.
217   Rabinovici: Andernorts, S. 66.
218   So nennt sich Dov Zedek selbst an einer Stelle: Rabinovici: Andernorts, S. 65.

aber nur als Dov Zedek nachgehen kann. Die Tonbandaufnahmen können auch als Fortzeugung dieses Zwanges betrachtet werden: Auch nach dem Tod legt Zedek noch Zeugnis ab, hält seine Erinnerung fest und gibt sie weiter an Ethan und damit an die nächste Generation.

Interessant ist, dass die Figur des Zedek als starker Zeitzeuge gezeichnet wird, der dennoch mit vielen Problemen hinsichtlich seiner Zeugenschaft konfrontiert ist. Auch an der Figur des Felix Rosen konnten vielerlei Schwierigkeiten bezüglich des Bezeugens ausgemacht werden, da er beispielsweise nicht als Zeitzeuge aufgetreten ist, Zedek hingegen schon. Doch auch dieser wird wieder und wieder von dem Trauma eingeholt. Deutlich hat sich auch die dialogische Struktur von Zeugnissen gezeigt.

3.2.2 Darstellung von Genealogien (des Bezeugens) in *Andernorts*

Ethan ist vor Beginn des Romans von einer österreichischen Zeitung gebeten worden, einen Nachruf auf Zedek zu schreiben, was er ablehnt. Daraufhin schreibt der ihm unbekannte Rudi Klausinger einen Nachruf, in dem er sich auf „einen Artikel in einer hebräischen Zeitung [beruft], in der ein bekannter Intellektueller über organisierte Gruppenreisen israelischer Jugendlicher nach Auschwitz herzog"[219]. Ethan schreibt darauf wiederum eine kritische Antwort. Doch dann stellt sich heraus, dass er selbst dieser zitierte jüdische Intellektuelle war. Seine Aussagen scheinen widersprüchlich, doch er selbst sagt, er sehe da eigentlich keinen Widerspruch[220] und auch ein Freund von ihm stimmt ihm

---

[219]   Rabinovici: Andernorts, S. 23.
[220]   Vgl. Rabinovici: Andernorts, S. 32.

zu: „Was, wenn die Artikel die beiden Seiten einer Medaille sind? Was, wenn ich mich nur in diesem Zwiespalt zu Hause fühle?"[221] Es stellt sich demnach die Frage, ob die gleichen Aussagen in Österreich und auf Deutsch etwas anderes bedeuten als auf Hebräisch und in Israel. Doch vom Text wird wiederum nicht eindeutig Position bezogen. Das wird durch die Verwendung eines heterodiegetischen Erzählers mit wechselnder Fokalisierung verstärkt, da dieser keine Eindeutigkeit oder Sicherheit herstellt. Es wird vielmehr gezeigt, dass Widersprüchlichkeiten nicht immer aufgelöst werden können und Uneindeutigkeiten ausgehalten werden müssen. Außerdem repräsentieren die Nachrufe Zeug_innenschaft, so schreibt z. B. Christina Guenther, die Nachrufe symbolisieren „the confusions and difficulties attending the loss of the first generation of Holocaust survivors for the second generation".[222] Sie beschäftigen sich also damit, wie die nächste Generation mit dem Tod der Zeitzeug_innen umgehen kann.

In der Debatte geht es dann auch hauptsächlich um das Erinnern der Shoah, vor allem in Hinblick auf die Frage danach, wer gedenken darf. Ethan als Sohn eines Überlebenden scheint zunächst privilegiert gegenüber Klausinger, der zwar vielleicht „über das Judentum eingehender geforscht habe als Rosen"[223], aber eben selbst kein Jude ist. Doch dieser gibt zu bedenken: „Was, wenn ich selber jüdisch wäre? Würde mein Nachruf plötzlich legitim werden? Was würden Sie sagen, wenn ich nicht jüdisch wäre, aber mein Vater sehr wohl? […] Was, wenn ich der

---

[221]   Rabinovici: Andernorts, S. 40.
[222]   Guenther, Christina: Changing Places in Doron Rabinovici's *Andernorts*. In: A Journal of Germanic Studies 49/4 (2013), S. 385–399 (hier S. 389).
[223]   Rabinovici: Andernorts, S. 69.

uneheliche Sohn eines Überlebenden wäre?"[224] Die Situation
spitzt sich zu, als schließlich Felix Rosen Klausinger als seinen
unehelichen Sohn anerkennt und dieser ins alte Kinderzimmer
von Ethan zieht. Ethan und Rudi werden so vom Text einander
angenähert. Interessant ist auch, wie sich dies in ihrem Äußeren
widerspiegelt. Als Noa, Ethans Freundin, Klausinger zum ersten
Mal trifft, ist sie „von der Ähnlichkeit der beiden überrascht."[225]
Auch Felix und sein vermeintlicher Sohn Rudi stellen immer
mehr Ähnlichkeiten zwischen einander fest: Sie haben dieselben
Vorlieben und Geschmäcker, z. B. lieben beide Rhabarber. Als
sie das bemerken, ruft Rudi aus: „Ich kann doch nichts dafür. Es
ist ja vererbt!"[226] Weil Rudi sich verwandt glaubt, sieht er die
Ähnlichkeiten in den Genen begründet, in der familiären Zugehörigkeit, und misst ihnen deshalb Bedeutung zu.

Ethan verliert seine privilegierte Position letztlich zur Gänze,
als sich durch einen Gentest herausstellt, dass beide nicht die
Söhne von Felix sind. Die Vorstellung davon, biologische Abstammung könne in irgendeiner Form ausschlaggebend sein für
die Zugehörigkeit zu einer Kultur oder einer Familie oder aber
auch ein Vorrecht bezüglich der Erbschaft einräumen (auch in
kultureller Hinsicht), wird hier unterlaufen. Dov Zedek wird
schließlich als leiblicher Vater Ethans von dessen Eltern genannt.[227] Erklärt wird dies so: „Er könne keine Kinder zeugen,
sagte der Vater [Felix]. Er versuchte zu lächeln, aber es gelang
ihm nicht. Es sei ihm gar nicht möglich. Das Lager, flüsterte er
und schluckte."[228] Dass Felix hier als Vater bezeichnet wird, deutet daraufhin, das familiäre Zugehörigkeit eben nicht primär über

---

224 Rabinovici: Andernorts, S. 69.
225 Rabinovici: Andernorts, S. 130.
226 Rabinovici: Andernorts, S. 161.
227 Vgl. Rabinovici: Andernorts, S. 216.
228 Rabinovici: Andernorts, S. 216.

die biologische Übereinstimmung bestimmt werden kann. Dina erklärt dann die Ähnlichkeit zwischen Ethan und Rudi darüber, dass Rudi auch Dovs Sohn sein müsse.[229] Als sich dann herausstellt, dass auch Rudi und Ethan nicht miteinander verwandt seien, meint Noa bezüglich der Ähnlichkeit, „sie könne, wenn sie es recht betrachte, gar keine mehr erkennen. Und auch Dina gab zu, so sehr würden Ethan und Rudi einander doch nicht gleichen".[230] Es zeigt sich also, wie eine bestimmte Erwartungshaltung eine selektive Wahrnehmung und damit kognitive Verzerrung begünstigt. Insgesamt werden im Text also unterschiedliche Formen der Vererbung von Wissen und Erinnerung aufgezeigt: affiliative und familiale.

Zedek zeugt also im doppelten Sinn für Felix: Er ist Zeuge im Sinne sekundärer Zeug_innenschaft und Erzeuger eines Kindes. Der Text zeigt erneut auf, wie komplex und widersprüchlich Identitäten und kulturelle sowie familiäre Erbschaften und Zugehörigkeiten sein können. Es wird immer wieder die Schwierigkeit verdeutlicht, sich selbst und andere zu verorten. Gleichzeitig zeigt sich hier aber auch wieder das Ereignis der Shoah als Zäsur: Die Genealogie ist durch die Shoah durchbrochen, da Felix keine Kinder zeugen und somit die Genealogie nicht fortzeugen kann. Felix, der versucht, sich gegenüber Ethan zu erklären, zu rechtfertigen, sagt immer wieder: „Er wird es nie verstehen", zu Dina und zu Ethan: „Dov hat mich im Lager gefunden".[231] Auch hier zeigt sich wieder der Wunsch, der Sohn möge verstehen und die gleichzeitige Erwartung, dass er genau diesem Wunsch sowieso nicht gerecht werden kann, was den widersprüchlichen Erwartungen entspricht, die Gampel als symptomatisch für Familien von Überlebenden beschrieben hat. Außerdem zeigt sich in der

---

[229]   Rabinovici: Andernorts, S. 218.
[230]   Rabinovici: Andernorts, S. 219.
[231]   Rabinovici: Andernorts, S. 217.

formelhaften Phrase über die Rettung durch Dov eine Geschichte, die Ethan sehr oft gehört hat, in der aber die Lücken und das Schweigen überwiegen.

In den Tonbandaufnahmen sagt Zedek außerdem Folgendes: Hörst du? Mein Ablaufdatum ist überschritten. Ich bin ein Übriggebliebener, der nicht nur die Eltern, den Bruder und die Schwester samt Schwager, die Neffen und Nichten, die Tanten und Onkel überlebte, nicht nur die Mörder und ihre Verbrechen, nein, mich selbst überlebte ich.[232]

Er zeichnet sich hier als letzten Überlebenden seiner Familie und er scheint die Genealogie bewusst unterbrochen zu haben. Der Begriff des Überlebens wird hier in doppelten Sinn verwendet: Zedek als Überlebender der Shoah und als jemand, der sehr lange gelebt hat, bis er sich schließlich selbst überlebt hat. Nun ist er tot und unterhält sich noch immer mit Ethan. Dass er keine Familie nach Auschwitz gründen wollte, so wie Felix und Dina, liegt auch in seinen Verlusten, die er aufgrund der Shoah erlitten hat, und der damit einhergehenden Traumatisierung begründet. Interessant ist auch die sich wiederholende, drängende Frage: „Hörst du?", die darauf verweist, wie wichtig das Zuhören für ein Zeugnis ist. Damit zeichnen sich die Tonbänder auch als Zeugnis aus, wodurch Ethan zum Zeugen für den Zeugen Zedek wird. Zedek legt Wert darauf, dass Ethan ihm zuhört, ihn versteht („Verstehst du?"[233]). Zedek legt also noch nach seinem Tod Zeugnis ab. Das könnte auch so verstanden werden, dass es ihm eben erst nach seinem Tod gelingt, Zeugnis abzulegen gegenüber Ethan, wobei er ihm jedoch selbst dann noch verschweigt, dass er sein Erzeuger ist bzw. war – das kann er nicht bezeugen.

---

[232] Rabinovici: Andernorts, S. 58.
[233] Rabinovici: Andernorts, z. B. S. 59.

Über Zedek sagt Dina an einer Stelle: „Er wollte keine Verwandten haben. Nie wieder. [...] Felix wollte und konnte nicht. Dov konnte und wollte nicht."[234] In diesem Roman wird also der Vorstellung einer linearen Vererbung entgegengewirkt. Außerdem kann das Zitat als exemplarisch für beide Zeugungsakte dieses Romans betrachtet werden: Felix kann weder ein Kind zeugen, noch Zeugnis über die Shoah ablegen. Dov kann beides und tut es auch für Felix, auch wenn er beides nicht will: Er will keine Familie gründen und er will nicht als Opfer der Shoah gesehen werden.

Guenther schreibt über die Debatte zwischen Rudi und Ethan, „this *Zwiespalt*, or place of contradiction, in which Ethan and Rudi find themselves, represents the legacy of their father figures".[235] Es gibt für die nachfolgenden Generationen also nicht einen richtigen Umgang, keine eindeutige Lösung für die genannten Schwierigkeiten bezüglich des Gedenkens, stattdessen werden Widersprüchlichkeiten und Ambivalenzen vererbt. In diesem Zusammenhang schreibt Guenther des Weiteren, „as a secondary witness, he [Ethan] recognizes his role in the transgenerational transmission of the Holocaust, as a mediator between his parents' generation, one that is disappearing quickly, and future generations of Jews in Israel and abroad".[236] Ethan kann also auch beispielhaft für die Nachkommen von Überlebenden als sekundärer Zeuge betrachtet werden, der diese Zeug_innenschaft auf komplexe Weise gewissermaßen schon vererbt bekommt. Guenther hebt damit auch die besondere Rolle der zweiten Generation als eine vermittelnde hervor, womit sie von späteren Generationen zu unterscheiden ist.

---

[234] Rabinovici: Andernorts, S. 217.
[235] Guenther: Changing Places, S. 393.
[236] Guenther: Changing Places, S. 394.

Bezüglich der Darstellung von Genealogien in *Andernorts* zeigt sich, wie schwierig eine Generationenzählung nach der Shoah sein kann, wenn sie Privilegien bezüglich der Erinnerung und Zeug_innenschaft impliziert. Es hat sich am Beispiel von Klausinger gezeigt, dass eine Zuordnung zu einer Familie und damit zu einer Genealogie nicht immer einfach möglich ist. Besonders bemerkenswert ist auch die Engführung von Zeug_innenschaft und Vererbung, was anhand der doppelten Zeugenschaft Zedeks gezeigt werden konnte.

3.2.3 Aspekte der ‚Postmemory' in *Andernorts*

Ethan wächst als der Sohn von Felix und Dina Rosen auf, die Auschwitz überlebt haben. Er lebt unter dem Druck den Eltern, die unbedingt eine Familie gründen wollten, „[e]ine Familie nach Auschwitz"[237], um die verstorbenen Familienmitglieder zu ersetzen.

Ethan wird durch den Beginn des Romans in einem Flugzeug zwischen Tel Aviv und Wien und somit in einem Transitraum von Anfang an als zwischen den Kulturen und Welten Lebender beschrieben. Er ist ein jüdischer Intellektueller, der bekannt dafür ist, „Deutsch, Hebräisch, Englisch und Französisch geschliffen zu formulieren. Nicht wenige waren beeindruckt, daß er Italienisch und Spanisch las und Arabisch verstand".[238] Er bewegt sich also gewissermaßen in einem transkulturellen Raum. Allerdings fühlt er sich weder in Österreich noch in Israel richtig wohl. „Israelis wie Ethan waren in Zion geboren, doch am liebsten lebten

---

[237] Rabinovici: Andernorts, S. 224.
[238] Rabinovici: Andernorts, S. 11.

sie andernorts, in New York, San Francisco oder London, in Paris, Berlin oder Rom. Ethan gefiel das Land am besten, wenn es weit weg war".[239] Ethan führt also eine diasporische Existenz, was den Ausführungen Hirschs zum Thema ‚Postmemory' und Exil entspricht. An einer Stelle sagt Zedek folgende Worte zu Ethan über seine Kindheit, in der die Familie oft umgezogen ist:

Aber überall warst du der Israeli; nur in Israel wurdest du zum Wiener, zum Jekke, zum Franzosen, zum Amerikaner. Schon als Siebenjähriger bist du im Hebräischen und im Deutschen gleichermaßen zu Hause gewesen. Deine Aussprache war frei von jedem Akzent, und eben deshalb warst du nirgends bodenständig, bist es immer noch nicht, sondern wirkst bis heute überall abgehoben.[240]

Ethan fällt also überall auf und kann sich nicht richtig in die jeweilige Gesellschaft einordnen, er muss sich immer abgrenzen. Dov spricht wie folgt weiter: „Er ist ein verkehrtes Chamäleon, sagte dein Vater über dich. Er paßt sich seiner Umgebung nicht an, sondern hebt sich jeweils von ihr ab."[241] Sein Verhalten ist eine Reaktion auf seine Lebensumstände, gleichzeitig jüdischer Herkunft zu sein und jeweils in anderen kulturellen Umgebungen zu leben, zum Teil sich auch im Land der Naziverbrechen, im Land der Täter_innen zu befinden. Wie Hirsch beschrieben hat, werden Österreich und Israel für Ethan zeitweise zum Exil, obwohl er selbst nie Opfer von Vertreibung war.

Über Felix Rosen sagt Klausinger bei dessen Beerdigung: „Sein Jerusalem war immer andernorts und überall zugleich. Er war im Zwischenraum zu Hause, wo ein Mensch auf den anderen trifft".[242] Die Titelgebung des Romans verweist somit auf den

---

239   Rabinovici: Andernorts, S. 195.
240   Rabinovici: Andernorts, S. 50.
241   Rabinovici: Andernorts, S. 51.
242   Rabinovici: Andernorts, S. 285.

Sachverhalt, nirgendwo richtig Zuhause zu sein bzw. eine diasporische Existenz zu führen, also in der Zerstreuung Zuhause zu sein. Ethans Lebensstil zeigt sich also auch als Wiederholung des Lebenswandels seines Vaters. Das kann bereits als kulturelles Erbe ausgelegt werden. Gleichzeitig erweist sich die Wiederholung nach Freud als wichtiges Moment eines Traumas – hier deutet sie also auf eine transgenerationelle Traumatisierung.[243]

Es wird immer wieder betont, wie beklommen Ethan sich in Israel und vor allem inmitten seiner Familie fühlt. Als er mit seiner Freundin Noa in Israel landet, werden seine Gefühle mit folgenden Worten beschrieben: „Er wußte sich zu Hause, fühlte sich so heimisch und fremd zugleich, daß ihn die Sehnsucht erfaßte, sofort wieder fortzufliegen."[244] Etwas später sagt Ethan selbst: „Ich bin erst kurz im Land, aber schon will ich wieder weg. Es ist wie eine Allergie."[245] An anderer Stelle heißt es: „Er hatte es nie lange in Israel ausgehalten. Es war dieses Gefühl, von allen in die Pflicht genommen zu werden, das er nicht vertrug. Auch diesmal fürchtete er sich vor ihren Erwartungen."[246] Hier werden ganz explizit die Erwartungen angesprochen, die er schon immer und immer noch auf sich lasten spürt. Er ist einem großen Druck ausgesetzt, als einziges Kind seiner Eltern alle Erwartungen zu erfüllen, was ihn offensichtlich bis ins Erwachsenendasein nicht loslässt. Dies lässt sich erklären mit den Erwartungen die an ihn herangetragen werden, alle ermordeten Verwandten zu ersetzen und der Anfang einer neuen Genealogie nach Auschwitz zu sein.

Ethan wird als Kind wie als Erwachsener von seinen Eltern mit Liebe überhäuft. In einem Rückblick wird eine Anekdote aus Ethans Kindheit erzählt, in der es darum geht, dass er sich einmal

---

[243]   Siehe Fußnote 180 und 194.
[244]   Rabinovici: Andernorts, S. 80.
[245]   Rabinovici: Andernorts, S. 100.
[246]   Rabinovici: Andernorts, S. 78.

zu einem Geburtstag einen bestimmten Kassettenrecorder gewünscht habe, doch Felix habe einen noch besseren, teureren ausgesucht:

Der Vater wollte seinem Herzstück einen besonderen Apparat schenken. War der Sohn denn nicht sein Goldkind? Für Ethan, für diese Entschädigung aller familiären Verluste, für den eigentlichen Grund seines Lebens und seines Überlebenskampfes [...] war ihm nichts zu teuer, und so hatte Ethan gar keine Chance zu widersprechen. Er bekam, was er gar nicht wollte, denn der Bub wurde so sehr geliebt und mußte so glücklich gemacht werden, daß auf seine Wünsche gar keine Rücksicht genommen werden konnte. Ethan war klein, aber die Zuwendung groß.[247]

Hier wird ganz deutlich, wie Ethan als Kind von der Liebe quasi erdrückt worden ist, wie die Erwartungen übermächtig waren und die Eltern so unbedingt wollten, dass es ihm gut geht, dass sie gar nicht mehr auf seine Wünsche achten konnten. Hier wird Ethan auch explizit als Grund und somit als Sinn des Lebens und Überlebens des Vaters genannt. Dies impliziert, dass der Vater sich weniger schuldig fühlt, überlebt zu haben, weil er einen Sohn hat.

Über das Verhältnis der Eltern heißt es an einer Stelle:

Die beiden waren eine eingeschworene Gemeinschaft, waren es immer gewesen, hatten zusammen ausgiebig gelitten und gefeiert. Ein Paar, seit sie einander zum ersten Mal begegnet waren. Längst konnten sie nicht mehr ohne den anderen sein. Voneinander getrennt, vereinsamten sie selbst dann, wenn sie von Freunden umgeben waren. Sie konnten nur noch in Symbiose leben. [...] Niemand konnte ausgiebiger alle Freuden und allen Kum-

---

[247] Rabinovici: Andernorts, S. 87.

mer auskosten. Zuweilen schluchzten sie ganze Nächte aneinandergeschmiegt, und zwar laut genug, um ihren Sohn, der auf der anderen Seite der Wand im Bett lag, aufzuwecken [...][248]

Dina und Felix werden als unzertrennlich beschrieben und die letzte Bemerkung, wie nebenbei eingeworfen, den Sohn Ethan betreffend, zeigt, wie er sich als einziges Kind gegenüber der Gemeinschaft der Eltern ausgeschlossen gefühlt haben muss.

Über die Lebensgeschichte der Eltern weiß Ethan typischerweise auch schon früh Bescheid. Diese wurde ihm – wie von Hirsch u. a. beschrieben – episodenweise sehr ausführlich erzählt. Das benennt Ethan selbst seiner Freundin Noa gegenüber mit folgenden Worten: „Er [Felix] tut so, als hätte ich keine Ahnung. Ich kenne die Geschichte, wie und von wem er inmitten der anderen Überlebenden aufgestöbert wurde. Sie wurde mir Dutzende Male erzählt – von beiden."[249] An dieser Aussage zeigt sich, dass Ethan eine bestimmte Geschichte sehr oft gehört hat, die jedoch kaum den Schrecken, den die Eltern erlebt haben, vermitteln kann. Es ist also ersichtlich, inwiefern Leerstellen von ihm als Kind selbst gefüllt werden mussten, und zwar mithilfe seiner Fantasie. Gleichzeitig zeigt sich hier der von Gampel beschriebene, an die Kinder von Überlebenden häufig herangetragene Imperativ, über die Shoah Bescheid zu wissen und gleichzeitig zu wissen, dass sie die Shoah nicht begreifen und sich das Ausmaß des Schreckens nicht vorstellen, demnach über die Vergangenheit der Eltern auch nicht wirklich etwas wissen können.

An der Figur Ethan ist also deutlich zu erkennen, wie sich Momente der ‚Postmemory' und Übertragungen einer möglichen Zeug_innenschaft verschränken und nicht voneinander trennen

---

[248] Rabinovici: Andernorts, S. 91 f.
[249] Rabinovici: Andernorts, S. 107.

lassen. Es wird von ihm erwartet, Zeugnis abzulegen, gleichzeitig sind diese Erwartungen Teil der unbewussten Kommunikation und der Entstehung einer ‚Postmemory‘. Außerdem haben sich in der hier getätigten Analyse die Spezifika einer ‚Postmemory‘ des Exils zeigen lassen, da Ethan in Folge des Exils bzw. der Flucht seiner Väter und auch seiner Mutter sich als Erwachsener immer andernorts befindet und nie Zuhause, da er sich überall und nirgends beheimatet fühlt.

4 Postmemoriale Verhandlungen der Shoah bei Jenny Erpenbeck

Jenny Erpenbeck ist ebenfalls eine zeitgenössische Schriftstellerin. Sie stammt aus einer bekannten Schriftstellerfamilie der DDR[250]: Ihr Vater, Fritz Erpenbeck, war u. a. Redakteur, Theaterkritiker sowie Verfasser von Romanen,[251] ihre Mutter, Doris Erpenbeck, war Übersetzerin. Ihre Großeltern waren das Schriftsteller_innenehepaar Hedda Zinner und Fritz Erpenbeck.[252]

Ihre Romane *Heimsuchung*[253] und *Aller Tage Abend*[254] verhandeln auf unterschiedliche Weise die historischen Umstände des 20. Jahrhunderts und demzufolge auch die Shoah im Zusammenhang mit Familie, Genealogie und Erinnerung. Deshalb sollen diese beiden Texte hier analysiert und mit denen von Rabinovici verglichen werden. Dabei werde ich chronologisch vorgehen und mit *Heimsuchung* beginnen.

---

[250] Vgl. Reichwein, Marc: Erpenbeck, Jenny. In: Killy Literatur Lexikon. Autoren und Werke des deutschsprachigen Kulturraumes. 2., vollständig überarbeitete Aufl. Berlin 2008, S. 320–321 (hier S. 320).

[251] Vgl. Stegmann-Meißner, Heidemarie: Erpenbeck, Fritz. In: Killy Literatur Lexikon. Autoren und Werke des deutschsprachigen Kulturraumes. 2., vollständig überarbeitete Aufl. Berlin 2008, S. 320.

[252] Vgl. Biendarra, Anke S.: Jenny Erpenbecks Romane *Heimsuchung* und *Aller Tage Abend* als europäische Erinnerungsorte. In: Marx, Friedhelm/Schöll, Julia (Hg.): Wahrheit und Täuschung. Beiträge zum Werk Jenny Erpenbecks. Göttingen 2014, S. 125-143 (hier S. 127).

[253] Erpenbeck, Jenny: Heimsuchung. Btb: München 2010.

[254] Erpenbeck, Jenny: Aller Tage Abend. Btb: München 2014.

4.1 Jenny Erpenbecks *Heimsuchung*

Den Mittelpunkt von *Heimsuchung* stellen ein Haus am Märkischem Meer und das dazugehörige Grundstück dar, dessen wechselnde Bewohner_innen im Laufe des 20. Jahrhunderts betrachtet werden. Dieses Haus ist jeweils eng mit den Heimatkonstruktionen der Figuren verknüpft und die jeweilige Heim-Suche gestaltet sich äußerst schwierig: Alle Figuren scheitern auf unterschiedliche Weise daran, sich eine Heimat in dem Haus aufzubauen. Einige Mitglieder einer jüdischen Familie werden Opfer der Shoah, andere können ins Exil fliehen. Für spätere Bewohner_innen des Hauses stellt sich die Frage, wie sie mit der Geschichte des Hauses umgehen können. Auch hier werden unterschiedliche Perspektiven eingenommen. Das alles wird in einer äußerst fragmentarischen Erzählweise präsentiert: jedes Kapitel ist mit einer Figurenbezeichnung betitelt, davon gibt es 13; zwischen diese Kapitel ist jeweils eins mit dem Titel *Der Gärtner* gesetzt, eine Figur, die den anderen in ihrer Zeitlichkeit entgegengesetzt ist.

4.1.1 Aspekte der Zeitzeug_innenschaft in *Heimsuchung*

In *Heimsuchung* wird Zeitzeug_innenschaft vor allem in Hinblick auf die Verknüpfung von Exil und Shoah verhandelt. Dies findet besonders in dem Kapitel *Der Tuchfabrikant*[255] statt. Dort geht es um die jüdische Familie, die eine Zeit lang einen Teil des Grundstückes am Märkischen Meer besitzt. Im Mittelpunkt des Kapitels steht Ludwig, der mit seiner Frau Anna ins

---

[255] Vgl. Erpenbeck: Heimsuchung, S. 48–61.

Exil nach Südafrika fliehen kann. In diesem Textabschnitt wird der Flucht immer wieder das Schicksal seiner Eltern, die nicht fliehen können, gegenüber gestellt. Dies zeigt sich auch formal: Das Kapitel wird durch kurze Absätze strukturiert, die abwechselnd aus Südafrika und von dem Grundstück am Märkischen Meer erzählen, jeweils auch zu einer unterschiedlichen Zeit. Durch diese fortlaufende Gegenüberstellung von Fluchtort und Heimat zeigt sich hier die Exilsituation eindeutig als eine erzwungene. Dies geschieht vor allem über die Erzählung eines Besuches der Eltern in Südafrika und den immer wieder wiederholten Satz: „Zwei Wochen später fahren sie wieder heim."[256] Durch die Wiederholung des Satzes sticht er besonders hervor. Er verweist auf die Deportation der Eltern. Das Wort „heim" klingt hier unheimlich unheilverkündend.

In den Absätzen, in denen das Haus am Märkischen Meer als Heimatort dem Exilort Südafrika entgegengesetzt wird, wiederholt sich ebenfalls jeweils das Wort „Heim", wobei es in diesen Fällen als ganzer Satz geführt wird. Damit wird das Grundstück am Märkischen Meer als Heimat gekennzeichnet. Gleichzeitig wiederholt sich in diesen Absätzen der Einwortsatz „Heil",[257] welcher direkt auf Hitler und die Naziverbrechen verweist und somit Schrecken verkündet. Die Heimat bietet der jüdischen Familie eben kein Heim mehr, sondern bringt Unheil, welches mit dem Gastod der Eltern endet. Über deren Lagererfahrung wird von den Exilant_innen kein Zeugnis abgelegt. Die Geschichte der Exilant_innen wird dann nicht weiter erzählt, was auffällig ist. Meyer stellt dazu folgende These auf:

---

[256] Erpenbeck: Heimsuchung, S. 49, 50, 52, 59.
[257] Erpenbeck: Heimsuchung, z. B. S. 49, 50, 51, 52, 53.

Die Unmöglichkeit der Integration der abgebrochenen jüdischen Geschichten in die Geschichten aller anderen Figuren, deren integraler Teil sie sind, diese Dialektik der anwesenden Abwesenheit, ist die andauernde Provokation, mit der *Heimsuchung* seine Leser konfrontiert.[258]

So eine Provokation stellt m. E. auch der Abbruch des Erzählens der Geschichte der exilierten Mitglieder der jüdischen Familie dar.

Von der Deportation seiner Schwester und deren Tochter scheint Ludwig im Exil Nachricht zu erhalten. Darüber heißt es:

Am Ostermontag müssen sich auch Elisabeth und Doris auf den Weg machen. Es soll nur eine kurze Reise sein, schreibt Elisabeth ihm, Ludwig, ihrem Bruder, noch aus dem Zug. [...] Ludwigs Antwortbrief von Kapstadt nach Warschau geht sechs Wochen hin, sechs Wochen her, er kommt ungeöffnet zurück. Drei Monate später wird die kleine Elisabeth geboren. In der Mutterstadt, am schönsten Ende der Welt.[259]

Aus diesem Zitat geht hervor, dass Ludwig vom Tod seiner Schwester dadurch erfahren hat, dass sein Brief zu ihm zurückgekommen ist. Dieses indirekte informiert-Werden spiegelt sich narratologisch dadurch wieder, dass der Erzähler nur die Bewegung des Briefes erzählt und nicht die impliziten Konsequenzen ausspricht. Der Leser bzw. die Leserin muss sich also dasselbe denken wie Ludwig in der Situation. Aus diesem Zitat geht auch hervor, wie Ludwig auf den Mord an seiner Schwester reagiert. Dies wird auch an anderer Stelle noch expliziter benannt, und

---

[258] Meyer, Franziska: Sommerhaus, früher. Jenny Erpenbecks „Heimsuchung" als Korrektur von Familienerinnerungen. In: Gegenwartsliteratur. Ein germanistisches Jahrbuch 11 (2012), S. 324-343 (hier S. 334).
[259] Erpenbeck: Heimsuchung, S. 61.

zwar in der sich zweimal wiederholenden Aufzählung der Familienmitglieder in ihrem Verhältnis zu Ludwig:

Hermine und Arthur, seine Eltern. / Er selbst. Ludwig, der Erstgeborene. / Seine Schwester Elisabeth, verheiratet mit Ernst. / Die Tochter der beidem, seine Nichte, die Doris. / Dann seine Frau Anna. / Und nun die Kinder: Elliot und die kleine Elisabeth, / genannt nach seiner Schwester.[260]

Ludwig benennt also seine Tochter nach seiner Schwester, was sich als direkte Reaktion auf ihren Tod lesen lässt und somit als Akt des Gedenkens. Darin zeigt sich auch eine Verknüpfung einer Fortzeugung der Genealogie und einer gleichzeitigen Fortzeugung von Erinnerung an seine Schwester als Opfer der Shoah und damit einer Fortzeugung von Zeug_innenschaft, die nun auch medialisiert ist: die Tochter als Medium der Zeug_innenschaft; als Zeugnis.

Eine weitere Figur in *Heimsuchung*, die die Verknüpfung von Exil und Shoah im Sinne der Möglichkeit zur Zeug_innenschaft symbolisiert, ist die Schriftstellerin, die zur NS-Zeit ins Exil in die Sowjetunion gegangen war und „die nicht wegen ihrer jüdischen Mutter emigriert war, sondern als Kommunistin".[261] Diese Figur reflektiert über die Heimat und über die Zeit im Exil, während sie – zurück in Deutschland – an einem Buch schreibt. Der Leser oder die Leserin erhält Einblick in ihre Gedanken und erfährt Folgendes:

Jene aber, die vor ihrer eigenen Verwandlung ins Ungeheure aus der Heimat geflohen waren, wurden durch das, was sie von zu Hause erfuhren, nicht nur für die Jahre der Emigration, sondern, wie es ihr inzwischen scheint, auf immer ins Unbehauste gestoßen, unabhängig davon, ob sie zurückkehrten oder nicht.[262]

---

260   Erpenbeck: Heimsuchung, S. 48, 55, 59.
261   Erpenbeck: Heimsuchung, S. 117.
262   Erpenbeck: Heimsuchung, S. 116.

Für die Schriftstellerin verändert sich also durch das, was sie im Exil über die politische Situation in Deutschland erfährt, ihr Verhältnis zu diesem grundlegend und sie kann sich dort nie wieder richtig beheimatet fühlen, auch wenn sie wieder zurückkehrt. Interessant ist, wie sie sich in der Sowjetunion und auch später beim Schreiben ihrer Autobiografie verhält, denn „[s]ie schreibt nicht, daß das Manuskript ihrer Radiosendung über den Arbeitsalltag des deutschen Beamten von den sowjetischen Genossen korrigiert wurde. Gestrichen wurde die Episode mit den Juden".[263] Die Schriftstellerin, die selbst jüdischer Herkunft ist, aber als politische Exilantin gesehen werden will, kann also in der Sowjetunion nicht von der Shoah berichten, kann also nicht Zeugnis ablegen. Und auch später, als sie in der DDR darüber schreibt, lässt sie dieses Ereignis der Zensur weg und berichtet wieder nicht darüber, legt wieder nicht Zeugnis ab.[264]

In *Heimsuchung* werden also Lebensläufe von Exilierten beschrieben, denen es aus verschiedenen Gründen nicht möglich war, Zeugnis abzulegen, während beispielsweise in *Andernorts* Dov Zedek als starke Zeugen-Figur stilisiert wird.

4.1.2 Darstellung von Genealogien in *Heimsuchung*

In *Heimsuchung* wird ein ähnliches, von Brüchen und Diskontinuitäten geprägtes Bild von Genealogien und Erbschaftsfolgen gezeichnet wie in *Andernorts*. Dieses lässt sich vor allem an den sich ständig ändernden Besitzverhältnissen des Hauses festmachen, welche ich hier nachzeichnen werde, um die Diskontinuitäten deutlich zu markieren.

---

263   Erpenbeck: Heimsuchung, S. 117.
264   Vgl. Erpenbeck: Heimsuchung, S. 117 f.

Am Anfang steht „der Großbauer mit seinen vier Töchtern"[265], Schulze, der das Grundstück, auf dem das Haus später stehen soll, besitzt und weiterverkauft, denn „der Schulze hat keinen Sohn"[266] und keine seiner Töchter heiratet, womit die Erbschaftsfolge unterbrochen ist. Klara, die jüngste Tochter, wird verrückt und so wird der ihr zugesprochene Wald verkauft:

Das erste Drittel von Klaras Wald verkauft der alte Wurrach an einen Kaffee- und Teeimporteur aus Frankfurt an der Oder, das zweite Drittel an einen Tuchfabrikanten aus Guben, der seinen Sohn in den Kaufvertrag einsetzt, um dessen Erbteil anzulegen, das dritte Drittel schließlich, das, auf dem die große Eiche steht, verkauft der Wurrach einem Berliner Architekten, der […] dort für sich und seine Verlobte ein Sommerhaus bauen will. Der Schulze kommt erst mit dem Kaffee- und Teeimporteur, dann mit dem Tuchfabrikanten und schließlich mit dem Architekten über soundsoviele Quadratmeter ins Gespräch, zum ersten Mal in seinem Leben mißt er den Grund nicht in Hufen und Hektar, zum ersten Mal in seinem Leben spricht er von Parzellen.[267]

Hier zeigt sich auch der Wechsel von der Vormoderne zur Moderne. Diese Textstelle ist sehr wichtig, weil sie den ersten Bruch in der Genealogie darstellt, nachdem mehrere hundert Jahre lang alles gleich geblieben war: „Mehrere hundert Jahre hieß Klaras Wald eine Holzung, alle dreißig Jahre wurde rings um die große Eiche alles gefällt und dann wieder aufgeforstet, jetzt sollen etliche Bäume, so wie sie da sind, für immer bleiben, die Verlobte des Architekten sagt: Um Schatten zu spenden."[268] Allerdings wird von nun an nichts für immer bleiben, und es zeigt sich, dass die Zeit zuvor von Kontinuität geprägt war, was jetzt

---

265 Erpenbeck: Heimsuchung, S. 14.
266 Erpenbeck: Heimsuchung, S. 18.
267 Erpenbeck: Heimsuchung, S. 24.
268 Erpenbeck: Heimsuchung, S. 24 f.

nicht mehr so sein wird. Suchmann hebt in ihrem Aufsatz hervor, dass das sogenannte Erbe als Vorstellung von Kontinuität und andauernder familiärer Gebundenheit an einen Ort hier unterlaufen werde. Sie bezieht sich dabei auch auf die genannte Textstelle im Sinne einer ersten Unterbrechung der Genealogie bezüglich des Besitzes.[269]

Es gibt also zunächst den Architekten, der ein Haus für sich und seine neue Frau errichtet sowie den jüdischen Tuchfabrikanten, der ein Gartenhaus direkt am See auf seinem Teil des Grundstückes errichtet. Über den Architekten und seinen Hausbau heißt es wie folgt:

Ein Haus maßgeschneidert nach den Bedürfnissen seines Herrn. […] Und das hier war sein Haus. Für sein und seiner Frau Sitzen hatte er die beiden Stühle mit den ledernen Kissen entworfen, für sein und seiner Frau Betrachten des Sonnenuntergangs die Terrasse mit Blick über den See […] Und jetzt mußte er froh sein, das blanke Leben zu retten, die dritte Haut sich abziehen zu lassen, und mit glänzenden Innereien den rettenden Westen zu erreichen.[270]

Er hat das Haus also für sich und seine Frau gebaut und zwar, so klingt es, für ihr gesamtes gemeinsames Leben. Doch sie können nicht bis an ihr Lebensende in diesem Haus leben, denn der Architekt muss am Ende aus der DDR fliehen.

Der Tuchfabrikant hat auch die Vorstellung, etwas für die Ewigkeit zu erschaffen: „Sein Vater blickt auf das leise plätschernde, märkische Meer. Heim. Es ist dein Erbe, sagt der Vater zu ihm. Ich weiß, sagt er, Ludwig, seines Vaters einziger

---

[269] Vgl.: Schuchmann, Kathrin: „Die Zeit scheint ihr zur Verfügung zu stehen wie ein Haus". Heimat und Erinnerung in Jenny Erpenbecks „Heimsuchung". In: Zagreber Germanistische Beiträge 22 (2013), S. 53-69 (hier S. 61).
[270] Erpenbeck: Heimsuchung, S. 38 f.

Sohn."[271] Doch es kommt nicht so weit, dass Ludwig das Grundstück erben kann, denn er muss fliehen. Die Erbschaftsfolge wird durch Zwang unterbrochen. Doch das scheinen sie zu Beginn noch nicht zu ahnen. „Auch wenn du eine alte Frau bist, sagt ihr Großvater Arthur [zu Doris], wirst du dich noch hier ans Ufer setzen, um zu sehen, wie die Sonne in den See rutscht. Heim."[272] Doch auch dies wird sich nicht ereignen, denn Doris wird von den Nazis ermordet. Hier wird auf der Ebene von Besitzverhältnissen die Frage nach Erbschaft verhandelt und die Vorstellung von kontinuierlichen Genealogien wird brutal unterlaufen: Die Shoah zeigt sich als Zäsur.

Der Architekt kauft der jüdischen Familie ihren Teil des Grundstücks günstig ab. Diese verkaufen unfreiwillig und brechen sehr abrupt auf:

Als er von den Juden das Badehaus übernahm, hingen noch deren Handtücher dort. Bevor seine Frau auf die Idee kommen konnte, sie zu waschen, war er schwimmen gegangen und hatte sich mit einem der fremden Handtücher trockengerieben. Fremde Handtücher. Tuchfabrikanten, die Juden. Frottee. Erste Qualität. Möcht sein.[273]

Hier zeigt sich, dass ein sehr schneller Wechsel der Besitzverhältnisse stattgefunden hat. Dies widerspricht erneut den Vorstellungen einer innerfamiliären Weitergabe von Besitz über Generationen hinweg. Interessant ist, dass der Architekt, als er schließlich flieht, ebenfalls seine Handtücher hängen lässt: „Unten im Badehaus hängt sicher noch sein grünes Handtuch. Damit wird sich nun vielleicht irgendwer anders abtrocknen."[274] Damit werden die Ereignisse einerseits parallelisiert, andererseits treten

---

271   Erpenbeck: Heimsuchung, S. 52.
272   Erpenbeck: Heimsuchung, S. 58.
273   Erpenbeck: Heimsuchung, S. 43.
274   Erpenbeck: Heimsuchung, S. 43.

die qualitativen Unterschiede über einen so alltäglichen Gegenstand wie ein Handtuch umso deutlicher hervor.

Nachdem der Architekt aus der DDR fliehen muss, lebt das kommunistische Schriftsteller_innenehepaar in dem Haus, nachdem es aus dem Exil in der Sowjetunion zurückgekehrt ist. Sie zählen zur Aufbaugeneration der DDR. Darüber heißt es wie folgt:

Nein, sie und ihr Mann sind nicht nach Deutschland heimgekehrt, sondern sie wollten dies Land, und es war nur zufällig das, dessen Sprache sie sprachen, heimholen in ihre Gedanken. Wollten sich aus den deutschen Trümmern endlich irgendeinen Boden unter die Füße ziehen, der nicht mehr trügerisch wäre.[275]

Diesen Figuren geht es also um einen Neuanfang, um ein neues Deutschland. Sie wollen sich nun eine Heimat errichten und auch für sie ist diese neue Heimat an das Haus geknüpft, doch auch sie scheitern daran und es werden unerwartete und sehr schnelllebige Veränderungen thematisiert:

Der Arzt aus dem Regierungskrankenhaus in Berlin, für den sie im letzten Jahr bei der Gemeinde erfolgreich Fürsprache eingelegt hatte, damit er den Obstgarten und das Bienenhaus zur Pacht erhielt, ließ, durchaus anders als mit ihr vereinbart, sofort die Obstbäume fällen und riß das Bienenhaus ab. In geisterhafter Geschwindigkeit, praktisch über Nacht, errichteten kurz darauf unbekannte Arbeiter aus Berlin an Stelle des Bienenhauses ein großes Wohnhaus für ihn, das er sogar, wie es hieß, käuflich hatte erwerben dürfen, ganz gegen alles, was sonst galt.[276]

Die schnelle, unerwartete Veränderung ist hier auch mit den historischen Bedingungen verbunden, doch auch der Schriftstellerin gelingt es noch, ihr Haus zu kaufen. So kommt es also, dass

275 Erpenbeck: Heimsuchung, S. 121.
276 Erpenbeck: Heimsuchung, S. 113.

das Haus in ihren Besitz übergeht und das Badehaus versetzt wird, welches daraufhin unterverpachtet wird.

Eine weitere wichtige Figur, über die wie im Fall der anderen Figuren auch in einem eigenen Kapitel berichtet wird, ist die ‚unberechtigte Eigenbesitzerin‘, die Enkelin der Schriftstellerin, die ihre Sommerferien jahrelang in dem Haus verbracht hat und die es später erbt. Doch nach dem Ende der DDR kann sie das Haus und das Grundstück nicht behalten, denn „von den im Westen lebenden Erben der Frau des Architekten [war] der Antrag auf Rückübertragung gestellt worden"[277] und auch „den Unterpächtern [hatte sie] kündigen müssen, nachdem das entsprechende Uferstück wieder der jüdischen Parzelle zugeschlagen wurde, zu der es wohl ursprünglich gehört hatte".[278] Diese Enkelin, so wird deutlich, weiß nichts von der Geschichte des Hauses, als sie es verliert. Sie reflektiert jedoch durchaus über diese Situation:

Was willst du, hatte ihr Mann immer gesagt, wenn sie, die nun unberechtigte Eigenbesitzerin, mit ihm über das Grundstück sprach: Du hast deine Zeit dort gehabt. Sie hatte ihrem Mann nicht erklären können, daß von dem Moment an, als sich abzeichnete, daß sie in diesem Haus nicht alt werden würde, die vergangene Zeit in ihrem Rücken zu wuchern begann, daß da ihre sehr schöne Kindheit ihr, die längst erwachsen war, mit so großer Verspätung noch über den Kopf wuchs und sich als sehr schönes Gefängnis erwies, das sie für immer einschließen würde.[279]

Für sie fühlt es sich an, als würde ihr die Heimat weggenommen, ohne dass sie etwas dafür könnte. Denn auch für diese Figur ist das Haus eng mit ihrer Heimatvorstellung verbunden. Und auch für sie gab es offensichtlich einmal die Vorstellung, dass sie dieses Haus erben und behalten könnte. Hier zeigt sich also nicht

---

277 Erpenbeck: Heimsuchung, S. 175.
278 Erpenbeck: Heimsuchung, S. 178.
279 Erpenbeck: Heimsuchung, S. 183.

nur die zigste Unterbrechung der Erbschaftsfolge, sondern auch ein erneutes Scheitern an einer Beheimatung. Stattdessen wird das Haus, das, wie gezeigt wurde, für alle Figuren der Inbegriff von Heimat war bzw. sein sollte, als Gefängnis bezeichnet. Dies scheint damit zusammenzuhängen, dass die Kindheit nicht so schön und unschuldig war, wie sie zu sein schien, stattdessen muss die erwachsene Enkelin ihre Kindheit nun mit den historischen Ereignissen wie der Deportation und Ermordung der jüdischen Familie in Verbindung bringen. Die späte Kenntnis von diesen Schicksalen führt dazu, die eigene Vergangenheit neu zu bewerten.

Das Haus erscheint jetzt im Sinne Freuds unheimlich, denn es wird von der Vergangenheit heimgesucht. Es wurde eine Schuld verdrängt, die nun die ‚unberechtigte Eigenbesitzerin‘ einholt. Nach Freud ist etwas unheimlich, wenn „das Heimliche-Heimische […] eine Verdrängung erfahren hat und aus ihr wiedergekehrt ist".[280] In dem Fall wäre dies auch als transgenerationelles Phänomen zu betrachten, da die Wiederkehr eine andere Generation trifft, als die, um deren Verdrängtes es geht.

Insgesamt zeigen sich in *Heimsuchung* also Diskontinuitäten als ein Hauptmotiv. Genealogien sind von Brüchen geprägt und vor allem die Shoah führt dazu, dass Erinnerung nicht von einer Generation an die nächste weitergegeben werden kann.

---

[280] Vgl. Freud, Sigmund: Das Unheimliche [1919]. In: Ders.: Studienausgabe IV. Psychologische Schriften, hg. v. Alexander Mitscherlich, Angela Richards u. James Strachey. Frankfurt a. M. 1970, S. 241–274 (hier S. 268).

4.1.3 Literatur und Zeug_innenschaft in *Heimsuchung*

Der Roman kann auch als Ganzes als ein Erinnerungsort gelesen werden. Dies hängt mit seinem Entstehungshintergrund zusammen. In dem Roman finden sich autobiografische Versatzstücke.[281] So geht aus einem Artikel aus der *Zeit* hervor, dass die Großeltern Jenny Erpenbecks väterlicherseits, Fritz Erpenbeck und Hedda Zinner, einige Jahre in Diensdorf am Scharmützelsee[282] gelebt hätten. In diesem Haus habe Jenny Erpenbeck jahrelang ihre Sommerferien verbracht. Auch verweise der Satz, den die Schriftstellerin im Roman schreibe („I-c-h k-e-h-r-e h-e-i-m"[283]), auf die Autobiografie Hedda Zinners, *Auf dem roten Teppich*, und ist somit referenzialisierbar.[284] Demnach könnte Jenny Erpenbeck als Vorlage für die Figur der ‚unberechtigten Eigenbesitzerin' betrachtet werden.

Franziska Meyer schreibt in einem Aufsatz über den Text:

---

[281]   Vgl. dazu z. B. auch: Biendarra: Jenny Erpenbecks Romane, S. 126 f.; v. a. Fußnote 5.

[282]   Über den Scharmützelsee heißt es bei Wikipedia.de: „Bei einem Besuch der damals noch kleinen Gutsdörfer Saarow und Pieskow im Jahr 1881 nannte der Dichter Theodor Fontane den See *Märkisches Meer*, eine Bezeichnung, die heute noch gern in der Tourismuswerbung verwendet wird." Wikipedia: Scharmützelsee, unter: https://de.wikipedia.org/wiki/Scharm%C3%BCtzelsee [gesehen: 11.08.2016].

[283]   Erpenbeck: Heimsuchung, S. 112 und S. 121; sowie bei Hedda Zinner: „‚Ich kehre heim', erzählte ich auch den anderen Bekannten, Freunden und Nachbarn." Zinner, Hedda: Auf dem roten Teppich. Erfahrungen, Gedanken, Impressionen. Berlin 1978, S. 11.

[284]   vgl. Döbler, Katharina: Großmutters klein Häuschen. In: Die Zeit 23 (2008). Unter: http://www.zeit.de/2008/23/L-Erpenbeck-NL [gesehen: 26.02.2016].

Heimsuchung ist ein autobiographischer Text, der nicht autobiographisch erzählt. Der Text lädt dazu ein, einen Ort zu besichtigen, der auch der Ort der Kindheit der Autorin ist, um Familienerinnerungen zu korrigieren. […] Als die Autorin von der Ermordung ehemaliger jüdischer Nachbarn erfährt, sieht sie sich mit Versionen von Geschichten konfrontiert, die grundlegend den Rückblick auf die vergangene Kindheit am See verändern. […] Hinter dem Roman stehen umfassende Archivrecherchen der Autorin, deren Funde auf verschiedenen Ebenen als andauernde Fragen an die Leser weiter gereicht werden.[285]

Demzufolge liegt dem Roman eine reale Dimension zugrunde. Das Sommerhaus hat es wirklich gegeben. Auf die Archivrecherchen verweisen auch die Danksagungen am Ende des Romans.[286] Die Fragen der Autorin schwingen also laut Meyer im Text mit und werden in ihm verhandelt.

Insofern ist es auch interessant, dass die jüdischen Figuren (neben den vier Töchtern des Großbauern) die einzigen sind, die im Text Namen tragen. Das hebt u. a. auch Kathrin Schuchmann hervor:

Tragen die Einzelschicksale der Figuren eher exemplarischen Charakter, der sich in der anonymisierenden Bezeichnung der Figuren […] zeigt, wird die herausragende Stellung des Shoah-Narrativs im Kontext des Erinnerungsdiskurses auch dadurch indiziert, dass die Figuren in den Episoden des Tuchfabrikanten und des jüdischen Mädchens […] Namen tragen.[287]

Laut Meyer sind die jüdischen Figuren auch historisch identifizierbar.[288] Meyer verfolgt in ihrem Aufsatz die These, dass

---

[285] Meyer: Sommerhaus, früher, S. 324 f.
[286] Vgl. Erpenbeck: Heimsuchung, S. 189 f.
[287] Schuchmann: „Die Zeit scheint ihr zur Verfügung zu stehen wie ein Haus", S. 68.
[288] Vgl. Meyer: Sommerhaus, früher, S. 336.

durch diesen Roman der Opfer der Shoah gedacht wird. Das würde den Text als Zeugnis klassifizieren, das abgelegt wird, auch über die Verstrickung einzelner Individuen in kollektive historische Ereignisse. So konfrontiert der Roman anhand der Geschichte eines Hauses und den wechselnden Bewohner_innen individuelle Erfahrungen (wie z. B. die der Frau des Architekten) mit der Geschichte des Nationalsozialismus und „stellt provokant Annahmen der Autonomie und Unschuld individueller Erinnerung in Frage".[289]

Dieses Bezeugen der Shoah geschieht z. B. über die Widmung, denn das Buch ist Doris Kaplan gewidmet. Im Text einspricht die Nichte Ludwigs dieser realen Person. Ihr ist das Kapitel *Das Mädchen*[290] gewidmet. Dieses Kapitel bildet das Zentrum des Textes und hat eine Sonderstellung inne. Narrativ und inhaltlich bricht es mit den anderen Kapiteln, da es z. B. an einem anderen Ort spielt. Es endet mit folgendem Absatz:

Drei Jahre lang hat das Mädchen Klavierspielen gelernt, aber jetzt, während sein toter Körper in die Grube hinunterrutscht, wird das Wort Klavier von den Menschen zurückgenommen, jetzt wird der Rückwärtsüberschlag am Reck, den das Mädchen besser beherrschte als seine Schulkameradinnen, zurückgenommen und auch alle Bewegungen, die ein Schwimmender macht, das Greifen nach Krebsen wird zurückgenommen, ebenso wie die kleine Knotenkunde beim Segeln, all das wird ins Unerfundene zurückgenommen, und schließlich, ganz zuletzt, auch der Name des Mädchens selbst, bei dem niemals mehr jemand es rufen wird: Doris.[291]

Hier zeigt sich ganz deutlich, dass für dieses Mädchen niemand Zeugnis ablegen kann, niemand kann ihren Tod bezeugen

---

[289]   Meyer: Sommerhaus, früher, S. 330.
[290]   Vgl. Erpenbeck: Heimsuchung, S. 79–92.
[291]   Erpenbeck: Heimsuchung, S. 91 f.

und das geht mit eine Zurücknahme ihrer Identität einher, denn „[n]iemand von denen, die wußten, wer sie war, weiß mehr, daß sie da ist".[292] Daraus geht insgesamt die Wichtigkeit des Bezeugens und Erinnerns hervor. Inga Probst schreibt in einem Aufsatz zu dieser Textstelle, dass die innerfiktional geschilderte Zurück-Nahme metatextuell eine Rück-Gabe der Identität intendiere, da die mit dem Namen verbundene Geschichte erzählt werde.[293] Sie hebt hervor, dass der Roman damit dem Vergessen entgegenwirke.[294] An dieser Stelle zeigt sich also auch eine Zeugnisgabe, die tatsächlich nur durch den zeitlichen Abstand möglich wird. Zeitzeug_innen dieses Mordes, die Zeugnis ablegen konnten oder wollten, gibt es nicht. Der Onkel, Ludwig, erfährt nur indirekt von dem Tod seiner Schwester und muss dann auch von dem Tod seiner Nichte ausgehen, doch kann er nichts von dessen Gegebenheiten wissen.

Später verweist auch Schöll auf die Referenzialisierbarkeit der jüdischen Figuren und gibt an, dass die

mehrfache Wiederholung des Eigennamens [Doris] und der genealogischen Identität die Funktion eines narrativen „Stolpersteins" [übernimmt], jener Erinnerungsanker des Künstlers Gunter Demnig, die, in das Pflaster der Bürgersteige montiert, auf deportierte und getötete jüdische Bürger verweisen und die auch in der realen Stadt Guben für die reale Doris Kaplan und ihre Mutter existieren.[295]

---

292   Erpenbeck: Heimsuchung, S. 82.
293   Vgl. Probst, Inga: Auf märkischem Sand gebaut. Jenny Erpenbecks „Heimsuchung" zwischen verorteter und verkörperter Erinnerung. In: Erdbrügger, Torsten/Nagelschmidt, Ilse/Probst, Inga (Hg.): Geschlechtergedächtnisse. Gender-Konstellationen und Erinnerungsmuster in Literatur und Film der Gegenwart. Berlin 2010, S. 67-88 (hier S. 78).
294   Vgl. Probst: Auf märkischem Sand gebaut, S. 77.
295   Schöll, Julia: Wörter und Dinge. Jenny Erpenbecks Text- und

Damit fügt sie neue Informationen zu denen über die Archivrecherchen hinzu und zeigt, wie sich diese auch narrativ in den Roman einfügen. Sie schreibt zu diesen Informationen, die sich aus dem Text nicht ergeben, die über diesen hinausweisen, Folgendes: „Dass es sich um historische Personen handelt, wird dem Leser des Romans *Heimsuchung* durch den Plot nicht vermittelt – und es muss auch nicht vermittelt werden, um die historische ‚Wahrheit‘ des Erzählten zu bezeugen."[296] Dies ist m. E. ein sehr zentraler Aspekt. Sie schließt mit folgenden Worten:

Vor allem aber ist die Literatur an sich jene Spur, die auf sich selbst verweist […]. Jenny Erpenbecks literarische […] Texte referieren mit ihrer Ding- und Wortästhetik immer auch auf das, was die Literatur grundsätzlich zu leisten vermag. Und so fatalistisch und pessimistisch sich diese Texte auf der diegetischen Ebene manchmal geben, in ihrem Glauben an die Macht der Literatur sind sie es nie.[297]

Auch Schöll hebt demnach die Möglichkeiten der Literatur hervor, in ihrer Fiktionalität dennoch oder gerade ihretwegen zu erinnern und zu gedenken. Damit schließt sie an Schuchmann an, die den Roman als Ort des Gedenkens bezeichnet.

Den Roman als Erinnerungsort und damit als eine Art moralisches Zeugnis im Gedenken einiger Opfer der Shoah zu lesen, bedeutet auch, dass dieser Text ein Beispiel für eine spezifische Situation, in der es 70 Jahre nach der Shoah eher die Möglichkeit gibt, Zeugnis abzulegen, darstellen würde. Dies ist sowohl der Fall, wenn der Text als reine Fiktion betrachtet wird, als auch, wenn die autobiografische Dimension in den Vordergrund rückt.

Objektästhetik. In: Marx, Friedhelm/Schöll, Julia (Hg.): Wahrheit und Täuschung. Beiträge zum Werk Jenny Erpenbecks. Göttingen 2014, S. 37–53 (hier S. 51).

[296] Schöll: Wörter und Dinge, S. 51 f.
[297] Schöll: Wörter und Dinge, S. 53.

Denn so betrachtet verleiht Erpenbeck Daten, die sie in Archiven gefunden hat, narrativ eine Stimme, die dann dadurch, dass sie gelesen werden, ein Zeugnis konstituieren.

4.2 Jenny Erpenbecks *Aller Tage Abend*

In *Aller Tage Abend* wird die Thematik einer Zeug_innenschaft in einen größeren Zusammenhang gestellt und eng mit (Un-)Möglichkeiten einer genealogischen Weitergabe verknüpft. In einem ersten Punkt werde ich eine solche Genealogie des Bezeugens bzw. des nicht-Bezeugens nachzeichnen.

Da in dem Text ebenfalls das gesamte 20. Jahrhundert behandelt wird, spielt die Shoah nur partiell eine Rolle. In dem Zusammenhang lassen sich dann aber auch Momente der ‚Postmemory‘ feststellen. Gleichzeitig lässt sich aus demselben Grund das Konzept der ‚Postmemory‘ hier ausweiten und auf andere traumatische Ereignisse und ihre Folgen übertragen, was ich hier zu zeigen versuchen werde.

Auch für diesen Text wird von der Forschung zum Teil eine autobiografische Dimension konstatiert, wobei die Protagonistin des Romans, deren Tod immer wieder durchgespielt wird, mit der Großmutter Erpenbecks und somit auch mit der Schriftstellerin aus *Heimsuchung* gleichgesetzt wird.[298]

---

[298] Vgl. z. B. Weiss, Heinz: „Aller Tage Abend“ – Anmerkungen zu Jenny Erpenbecks Roman über das Rätsel der Zeit. In: Psyche – Z Psychoanal 68 (2014), S. 704–712 (hier S. 704); Biendarra: Jenny Erpenbecks Romane, S. 126 f.

4.2.1 Genealogien des Bezeugens in *Aller Tage Abend*

Aller Tage Abend besteht aus den Büchern I–V, die jeweils einen Lebensabschnitt der Protagonistin darstellen und mit ihrem Tod enden, der dann wiederum jeweils in einem Intermezzo mithilfe des Konjunktivs aufgehoben wird, wobei das nächste Buch dann einen alternativen Fortgang des Lebens darstellt. Dabei wird die Protagonistin in eine jüdische Familie eingebunden. Berichtet wird von ihren Ur-Großeltern, ihren Großeltern, ihren Eltern und schließlich auch von ihrem Sohn; Familiengeschichte wird hier also genealogisch gedacht. Diese Familiengeschichte und die jeweiligen transgenerationellen Traumatisierungen sollen hier nachgezeichnet werden, um zu zeigen, wie daraus ein erweitertes Verständnis des ‚Postmemory'-Konzeptes abgeleitet werden kann.

Iris Hermann bezieht die beiden Romane Erpenbecks aufeinander, was schon aus dem Titel ihres Aufsatzes hervorgeht.[299] Ihr geht es um eine Analyse von *Aller Tage Abend* in Hinblick auf die Heimsuchungen, die geschildert werden. Hermann bespricht zuallererst die Ambivalenz des Begriffs Heimsuchung und gibt auch einen historischen Abriss des Wortgebrauchs.[300] Dabei legt sie sich auf die Bedeutung: „Eines Hauses in gewaltthätiger Weise [sic!] erbrechen"[301], wie sie in der ökonomischen Enzyklopädie zu finden sei, fest und leitet dies exemplarisch von der Szene zu Beginn des Romans über den Pogrom in Brody her,

---

[299]   Hermann, Iris: Heimsuchung in Jenny Erpenbecks Roman *Aller Tage Abend*. In: Marx, Friedhelm/Schöll, Julia (Hg.): Wahrheit und Täuschung. Beiträge zum Werk Jenny Erpenbecks. Göttingen 2014, S. 145–156.

[300]   Vgl. Hermann: Heimsuchung in Jenny Erpenbecks Roman *Aller Tage Abend*, S. 146 f.

[301]   Zitiert nach Hermann: Heimsuchung in Jenny Erpenbecks Roman *Aller Tage Abend*, S. 147.

welche sie als Schlüsselszene bezeichnet, weil diese als Heimsuchung alle noch folgenden Ereignisse im Text vorwegnehme.[302] Der Pogrom geschieht den Großeltern der späteren Protagonistin. Dabei wird der Mann von anderen Dorfbewohnern mit einer Axt zerhackt, während seine Frau ihn an der Hand hält und nicht retten kann.[303]

Aufgrund dieses antisemitischen Mordes verheiratet die Frau ihre Tochter später mit einem Christen, um diese zu schützen. Dies wird wie folgt begründet:

Sie weiß genau, warum sie ihre Tochter mit einem Christen verheiratet hat. Der Vater sei eines Tages fortgegangen und nie wiedergekehrt, hatte sie der Tochter erklärt, als die nach einem Vater zu fragen begann. Warum ist er fortgegangen? Wohin? Wird er einmal wiederkommen?[304]

Es zeigt sich also, dass es der Mutter nicht möglich ist, den Tod ihres Mannes gegenüber ihrer Tochter zu bezeugen. Stattdessen lügt sie über dessen Verbleib, weshalb sich keine Genealogie des Bezeugens entwickeln kann.

Erst als diese Tochter ihre eigene Tochter, die spätere Protagonistin, als Säugling verliert, bezeugt die Mutter den Mord an ihrem Mann. Dies geschieht, nachdem die Tochter, die nun auch Mutter ist, nach jüdischer Tradition sieben Tage Schiwa sitzt, um ihre Tochter zu betrauern:

An diesem siebenten Tag fällt der Tochter zum ersten Mal auf, dass sie selbst eben auch eine Tochter ist, eine sogar am Leben gebliebene Tochter, deren Leben erst jetzt, mit einer kleinen Verspätung von siebzehn Jahren, misslingt. [...] Ihre Mutter setzt

---

302   Vgl. Hermann: Heimsuchung in Jenny Erpenbecks Roman *Aller Tage Abend*, S. 147.
303   Vgl. Erpenbeck: Aller Tage Abend, S. 18–22.
304   Erpenbeck: Aller Tage Abend, S. 22.

sich zu ihr, nimmt ihre Hände und sagt: Deinen Vater haben die Polen erschlagen.[305]

Die Mutter berichtet von dem Tod des Vaters im Angesicht des Todes der Tochter bzw. der Enkelin. Bemerkenswert ist außerdem, dass dieser Bericht, dieses Zeugnis, sehr knapp ausfällt und eher aus Schweigen besteht, was an die Zeugnisse von Danis und Ariehs Eltern erinnert.

In diesem ersten Buch, in dem die Protagonistin als Säugling stirbt, wird deren Mutter von ihrem katholischen Mann verlassen, weil dieser den Verlust nicht aushält, woraufhin diese wieder bei ihrer Mutter einzieht und in deren Lebensmittelgeschäft mitarbeitet. Über den Akt des Bezeugens wird dann Folgendes geäußert:

Jetzt hat das, was die Händlerin ihrer Tochter immer als Wahrheit verkauft hat, sich doch noch ein Leben verschafft. Jetzt ist ihre Tochter an ihrer Stelle die sitzengelassene Ehefrau, und sie dafür das, was sie, wenn auch verschwiegen, immer schon war: eine Witwe.[306]

Hier stellt sich die Frage, ob etwas erst wahr wird, wenn es auch bezeugt wird. Wenn die Mutter ihrer Tochter nie von dem Mord erzählt hätte, wäre in deren Welt und Erinnerung auch nicht geschehen und die Tochter hätte für immer einen Vater gehabt, der die Familie verlassen hat. So verändert der Akt des Bezeugens die Wirklichkeit der Tochter und damit auch die Erinnerung der Zukunft. Interessant ist auch, dass „das, was die Händlerin [sie] […] immer als Wahrheit verkauft hat" hier zum Subjekt des Satzes und somit der Handlung wird: Das Ablegen des Zeugnisses geschieht also ohne viel Zutun der Frau, sie wirkt durch den Satzbau eher passiv.

---

305   Erpenbeck: Aller Tage Abend, S. 32.
306   Erpenbeck: Aller Tage Abend, S. 40.

In dem Intermezzo zwischen Buch I und Buch II wird dann sowohl der Tod des Säuglings als auch das Zeugnis über den Verbleib des Vaters bzw. Großvaters zurückgenommen. Es wird ein alternativer Handlungsverlauf im Konjunktiv vorgeschlagen, der damit beginnt, dass das Mädchen nicht stirbt, weshalb die Familie zusammenbleibt und letztendlich, mit einer weiteren Tochter, nach Wien übersiedelt:

Die Großmutter hätte die Familie bei der zweiten, nun endgültigen Abfahrt nach Wien zum Zug gebracht, und wäre sich beim Winken darüber im Klaren gewesen, dass mit der Tochter immerhin auch die Fragen der Tochter nach dem verschwundenen Vater davonfuhren, und dass es wahrscheinlich besser so war.[307]

Die Möglichkeit, die Erinnerung an den Mord weiterzugeben, ist der Großmutter in diesem Handlungsstrang nicht mehr möglich. Doch ihr Schweigen über den Pogrom hat Auswirkungen auf ihr Leben und das ihrer Tochter und deren Familie; die Leerstelle in ihren Erzählungen bleibt nicht ungehört. Diese Auswirkungen werden z. B. folgendermaßen in den Gedanken der Mutter der Protagonistin beschrieben:

Vielleicht war ihr Vater, als er die Familie verließ, gar nicht weiter gekommen als bis nach Wien. Vielleicht traf sie ihn hier einmal auf dem Markt, und er würde sagen: So sieht man sich wieder. Wenn sie als kleines Mädchen versucht hatte, sich vorzustellen, wo ihr Vater sein mochte, statt bei seiner Familie zu sein, hatte sie immer einen vor sich gesehen, der sich erhängt hat. Vater ist vielleicht in Amerika, hatte die Mutter gesagt. Oder in Frankreich. Sie hatte der Mutter zwar nicht geglaubt. Aber vielleicht war ihr Vater tatsächlich einfach in Wien.[308]

---

[307] Erpenbeck: Aller Tage Abend, S. 76.
[308] Erpenbeck: Aller Tage Abend, S. 97.

Hier zeigt sich, dass das nicht-Bezeugen die Folge hat, dass die Tochter sich als Kind mithilfe der Imagination ausmalt, wo der Vater sein könne. Das führt zu einer Vorstellung über ein Ereignis, das sie selbst nicht miterlebt hat, ähnlich dem Phänomen der ‚Postmemory‘. So gesehen kann das Konzept auch erweitert und auf andere traumatische Ereignisse, wie den Pogrom, der hier beschrieben wurde, übertragen werden, obwohl das Zeugnis hier eigentlich gar nicht stattfindet bzw. nicht verbalisiert wird und nur aus Schweigen besteht.

Diese nicht-Fortzeugung einer möglichen Erinnerung oder Zeug_innenschaft führt auch dazu, dass Mutter und Tochter sich entfremden, was wie folgt beschrieben wird:

Ihre Mutter trifft sie tatsächlich manchmal auf dem Markt, dann wechseln sie ein paar Worte. Na, Mädel, wie gehts euch denn immer? Gut. [...] Seit die Mutter nach Wien gekommen ist, angeblich aus Angst vor dem Krieg, mag sie nichts anderes mehr sagen. Irgendwann einmal sollte eine Tochter auf die Frage der Mutter, wie es ihr gehe, nichts weiter antworten können, als: gut.[309]

Die Lügen der Mutter über den Verbleib des Vaters führen hier also, so wird es angedeutet, direkt zu den Lügen der Tochter, ihr gehe es gut, die die Mutter wiederum auf Abstand halten sollen.

Gleichzeitig hat die Mutter gelogen, um die Tochter zu schützen, hat sie mit einem Christen verheiratet, um sie zu schützen, und hat deshalb selber verursacht, dass sie einander fremd würden. Dies wird an einer Stelle so beschrieben:

Der Wald liefert selbst das Holz für die Axt, die ihn umhaut. [...] Die Alte selbst hat ihrer Tochter den Weg geschenkt, der diese von ihr weggeführt hat, der Weg richtet die Tochter, so wie

[309]   Erpenbeck: Aller Tage Abend, S. 97.

es momentan aussieht, zugrunde, dafür aber werden die Enkelinnen das Ziel vielleicht erreichen. Manche sind zum Zurückbleiben bestimmt, manche zum Gehen, zum Ankommen die dritten.[310]

Die Heirat mit dem christlichen Mann führt also zu der Entfremdung von Mutter und Tochter, welche wiederum auf den antisemitischen Mord am Vater zurückzuführen ist. Der letzte Satz des Zitates klingt dann wie eine Beschreibung dieser Genealogie, die auf das Wohl der Enkelinnen ausgerichtet ist und deren Schutz vor Antisemitismus. Das Ziel ist es also, von der Großmutter aus gesehen, nicht jüdisch zu sein. Außerdem wird an dieser Stelle deutlich, wie sich der Pogrom der Vergangenheit auf die Gegenwart der Tochter auswirkt, die nun – ebenso wie z. B. Ethan – zwischen den Welten lebt.

An einer anderen Stelle wird diese Situation aus Sicht der Großmutter noch einmal ganz pragmatisch begründet:

Mochte die Tochter ruhig denken, dass sie aus diesem oder jenem Grund unfähig gewesen war, den Vater zu halten. Gehalten hatte sie ihn, bis zum Ende, bis er nur noch ein Stück Fleisch war. Aber hätte sie der Tochter das etwa sagen sollen, hätte sie ihr sagen sollen, dass auch sie, die Mutter, damals beinahe nur ein Stück Fleisch gewesen wäre, und die Tochter selbst auch, und unter ähnlichen Umständen auch ihre Kinder immer wieder nur Fleisch sein würden, die Große, die Kleine?[311]

Hier zeigt sich erneut, dass die Mutter nicht mit ihrer Tochter spricht, um diese zu schützen. Es wird auch deutlich, wie die Mutter die Wirklichkeit ihrer Tochter konstruiert: Sie will, dass die Tochter ein Leben führt, in dem der Vater nicht ermordet

---

310 Erpenbeck: Aller Tage Abend, S. 99.
311 Erpenbeck: Aller Tage Abend, S. 120 f.

wurde, was dazu führt, dass sie den Mord ganz einfach nicht bezeugt. Das nicht-Bezeugen führt u. a. auch dazu, dass die Tochter der Mutter die Schuld gibt, ohne Vater aufgewachsen zu sein. Es heißt dann weiter:

Konnte eine, die die Wahrheit nicht kannte, denn unterscheiden, ob jemand tot war oder einfach nur sehr weit entfernt? Die Schuld der Mörder sah jetzt wie ihre eigene Schuld aus, aber war das wichtig? […] In Wien hatte sie zwar wenig Gesellschaft, aber sie ist am Leben. Ihre Tochter lebt, und es leben auch die beiden Mädchen.

Die Diskontinuität, die sich in der eigenen jüdischen Genealogie der Großmutter ergibt, dadurch, dass die Enkelinnen auf ihr Anraten hin christlich erzogen werden,[312] wird hier noch einmal ganz explizit mit der Angst um das eigene und vor allem um das Leben der Familie begründet. Außerdem wird hier erneut deutlich, wie das (nicht-)Kennen der Wahrheit die eigene Wirklichkeit beeinflussen kann.

Das Buch II endet damit, dass die jugendliche Tochter sich das Leben nimmt und die Großmutter daraufhin ebenfalls stirbt, was die Familie vom Vetter erfährt, der berichtet, dass „die Großmutter noch am Abend desselben Tages, an dem sie vom Tod der älteren Enkelin erfahren hat, die Treppe zum Keller hinuntergestürzt und […] unglücklich gefallen" sei.[313] Die Mutter der Protagonistin findet dann in der Wohnung ihrer Mutter die Goethe-Gesamtausgabe, deren neunter Band bei dem Pogrom beschädigt worden ist und die die Familie seitdem begleitet. „Deshalb also war der Koffer, den die Mutter bei der Flucht mitgebracht hatte, so schwer gewesen."[314] Die Großmutter hat also bei ihrer Flucht nach Wien die komplette Goethe-Gesamtausgabe mitgenommen.

312   Vgl. Erpenbeck: Aller Tage Abend, S. 94.
313   Erpenbeck: Aller Tage Abend, S. 129.
314   Erpenbeck: Aller Tage Abend, S. 131.

Diese wird hier zu einem Erinnerungsträger, bzw. zu einem ‚verkehrten' Erinnerungsträger, der Erinnerung nur trägt, sie aber nicht vermitteln kann. Die Erinnerung ist für die anderen Figuren nicht zugänglich; die Erinnerung wurde nicht weitergegeben, aber die Gesamtausgabe schon.

Es wird in Buch II dann noch von dem Tod bzw. Selbstmord des Vaters „ein knappes Jahr später, am 2. Dezember 1920" berichtet, und dann von dem Jahr 1944 und einer jungen Frau in einem Birkenwäldchen, die von einem Wachtposten mit einem Gewehrkolben vorwärtsgestoßen werde und dabei ein Heft mit Tagebuchaufzeichnungen verliere,[315] was darauf hindeutet, dass es sich bei der jungen Frau um die Schwester der Protagonistin handelt. Die Shoah wird in diesem Handlungsverlauf also nur am Rande erwähnt und zum Großteil in der Leerstelle zwischen zwei Absätzen belassen.[316]

---

[315] Vgl. Erpenbeck: Aller Tage Abend, S. 132.

[316] Interessant ist in diesem Zusammenhang auch ein Aufsatz von Agnes C. Mueller über die Darstellung jüdischer Mütter auf der Grundlage des Romans *Die jüdische Mutter* von Gertrud Kolmar. Vgl. Mueller, Agnes C.: „Die jüdische Mutter" in Jenny Erpenbecks Roman *Aller Tage Abend*. In: Marx, Friedhelm/Schöll, Julia (Hg.): Wahrheit und Täuschung. Beiträge zum Werk Jenny Erpenbecks. Göttingen 2014, S. 157–167. Mueller hebt den Aspekt der Schuld hervor: Dabei stellt sie fest, dass im ersten Buch des Textes eine implizite Schuld der jungen Mutter am plötzlichen Tod ihres acht Monate alten Säuglings zum Ausdruck gebracht werde. Vgl. Mueller, S. 163. Dabei, so Mueller, stelle sich Schuld hier als Topos dar, der explizit der jüdischen Mutter angehöre. „Zwar geschieht diese Schuldzuweisung nicht durch deren Mann, der ebenso Mitschuld am plötzlichen Kindstod zu haben scheint, aber da die Schuld direkt mit dem Jüdisch-Sein der Mutter und der Tatsache in Verbindung gebracht wird, dass sie einen nicht-jüdischen Mann geheiratet hat, erscheint diese Zusammenschau, zumal die LeserIn noch keinen Hinweis auf die späteren Konjunktive in der

Der Tod der Protagonistin sowie der Großmutter wird wiederum in einem Intermezzo zurückgenommen und das Buch III behandelt das Leben der Protagonistin als Schriftstellerin in der Sowjetunion, wo sie in der Emigration lebt. Nun setzt sich die Entfremdung zwischen Mutter und Tochter in der Familie fort bzw. wiederholt sich, sodass die Weitergabe von Familientradition und -erinnerungen nicht oder nur schwer möglich ist, denn auch die Protagonistin hat nun kaum Kontakt zu ihrer Mutter. Das Verhältnis der Protagonistin und ihrer Mutter zu dieser Zeit wird nun so beschrieben:

Erzählweise hat, als prekär." Mueller, S. 165. Mueller schließt damit, dass „diese Ausstellung von exponierten literarischen und kulturell als Stereotypen etablierten Charakteristika, in Verbindung mit der Schuldzuweisung an die jüdische Mutter, [...] im Kontext der deutschen Gegenwartsliteratur, und besonders nach dem Holocaust, deutlich auf die Frage nach der Schuld der Deutschen am Holocaust [verweist]. Da der Holocaust selbst aus dem gesamten Textgeschehen [...] weitestgehend ausgeklammert bleibt, kann dieser Zusammenhang als Fortschreibung eines Erinnerungsdiskurses gelesen werden, der sich absichtsvoll anderer, neuer Mittel bedient, wenn es um die Frage nach der deutschen Schuld am Holocaust geht. [...] *Aller Tage Abend* kann somit als eine Erinnerung an die deutsche Geschichtsvergessenheit gelesen werden." Mueller, S. 167. Die Schuld der jüdischen Mutter wird also übertragen auf die Schuld der Deutschen am Holocaust. Das bedeutet also, dass der Text laut Mueller unbewusste Schuldgefühle aufdeckt, indem er verfährt wie im deutschen Diskurs außerhalb der Narration lange Zeit verfahren wurde und wird. Dies ist sehr interessant, da Mueller so die Bedeutung des Holocaust für den Text hervorhebt, auch wenn dieser, wie sie herausstellt, im Text selber nicht viel Raum einnimmt. Mueller zeigt so, wie sich nicht-Gesagtes in den Text einschreibt und trotz des wenigen Raums doch eine zentrale Position einnimmt.

Eines Tages hatte sie sogar der Mutter ein Paket geschickt, mit Käse, Gänseschmalz, Kaviar, Würsten und Bonbons. [...] Die Mutter hatte ihr in einem Brief gedankt und gefragt, wie es ihr gehe. Und sie war stolz darauf gewesen, in ihrer Antwort schreiben zu können: sehr gut. Irgendwann sollte eine Tochter auf die Frage der Mutter, wie es ihr gehe, nichts anderes antworten müssen.[317]

Hier findet eine fast wörtliche Wiederholung des Gesprächs zwischen ihrer Mutter und deren Mutter auf dem Markt in Wien statt und es zeigt sich, dass hier unbewusste Traumata an die nächste Generation übertragen wurden, denn die Protagonistin wiederholt dasselbe symptomatische Verhalten der Abwendung. Die Wiederholung der Verhaltensmuster der Mutter durch die Tochter erinnert an Arieh und Ethan, die Verhaltensweisen der Väter wiederholen. Dies kann also als transgenerationelle Traumatisierung gelesen werden, die wiederum dazu führt, dass Erinnerung nicht fortgezeugt werden kann.

Am Ende von Buch III stirbt die Protagonistin in sowjetischer Gefangenschaft. Auch dieser Tod wird in einem Intermezzo zurückgenommen und ihr alternatives Leben geht weiter, indem sie nach Berlin geht, „von ihr aus auch nach Berlin, ja, warum nicht, ihr Brief an die Mutter schon lange mit dem Stempel *Evakuiert nach Osten* an sie zurück, in Wien also keine Familie mehr, wahrscheinlich nirgendwo mehr."[318] Ein zurückgesendeter Brief legt hier also Zeugnis ab über den Tod der Mutter, ähnlich wie dies auch in *Heimsuchung* geschieht. Auch hier wird die Shoah vielmehr nicht erzählt als erzählt und entfaltet sich demzufolge in der Leerstelle. Ihr Mann kommt auch im Inter-

---

[317] Erpenbeck: Aller Tage Abend, S. 173.
[318] Erpenbeck: Aller Tage Abend, S. 206.

mezzo nicht aus der sowjetischen Gefangenschaft zurück; sie bekommt ein Kind von einem sowjetischen Dichter, den sie nur einmal trifft. „Dem Kind all das ersparen. Dein Vater ist bei Charkow gefallen. Zum Beispiel. […] Und sonst kein Wort."[319] Hier wiederholt sie das Verschweigen ihrer Großmutter und erzählt ihrem Sohn nicht, wer sein Vater war oder was mit ihrem Mann geschehen ist. Auch dieses Verschweigen lässt sich als Teil transgenerationeller Übertragungsmechanismen deuten, was durch den Aspekt der Wiederholung noch verstärkt wird.

In Buch IV stirbt die Protagonistin als berühmte DDR Schriftstellerin mit ca. 60 Jahren bei einem Treppensturz. In diesem Buch werden die Gedanken der Protagonistin bei ihrem Sturz beschrieben, unter anderem denkt sie an ihre Mutter:

Erst gegen Ende des Krieges, als sie durch ihre Arbeit beim Rundfunk erfuhr, was in den von Deutschland besiegten Ländern mit den Juden geschah, hatte sie sich gefragt, wann das Päckchen der Mutter gekommen war, 1939 vielleicht, oder 1940? […] Der Brief war mit dem Vermerk: *Evakuiert nach Osten* zurückgekommen. […] Jetzt wird der Sohn diesen Brief irgendwann finden. Jetzt hat sie keine Geheimnisse mehr. Jetzt kann sie den Sohn nicht mehr schützen. Und auch sich nicht.[320]

An dieser Stelle wird wiederholt, wie die Schriftstellerin von dem Tod ihrer Mutter erfährt und wie sie es wiederum nicht schafft, ihrem Sohn davon zu erzählen. Die Wahrheit bahnt sich ihren Weg erneut im Angesicht des Todes. Es ist jedoch so, dass der Sohn nun keine Fragen mehr stellen können wird. Ein Brief wird ihm zum Zeugnis werden und nicht ein Gespräch mit seiner Mutter. Interessant ist auch der letzte Satz, der explizit aus-

---

[319] Erpenbeck: Aller Tage Abend, S. 207.
[320] Erpenbeck: Aller Tage Abend, S. 214.

spricht, dass das nicht-Bezeugen auch aus Selbstschutz geschehen ist, ein Gespräch über den Mord an ihrer Mutter wäre demzufolge zu retraumatisierend gewesen, weswegen sie vermieden hat, es zu führen. Dies ist ein symptomatisches Verhalten für eine traumatisierte Person, für die Laub das Schweigen als Exil und Zuhause beschrieben hat, aus dem eher selten zurückgekehrt werde.

Es lässt sich hier vor allem festhalten, dass die Töchter jeweils das Verhalten der Mutter in Bezug auf das Schweigen übernehmen, ähnlich wie auch Arieh seiner Tochter gegenüber wie sein Vater auftritt. Dies zeigt, wie sich Traumata auf die Kinder übertragen und Symptome sich in späteren Generationen wiederholen. Außerdem konnte gezeigt werden, wie schwer es für traumatisierte Menschen ist, das Schweigen zu brechen, was dazu führt, dass eine Fortzeugung von Erinnerung nicht möglich ist. Insgesamt konnten hier jedoch Aspekte der ‚Postmemory' festgestellt werden, die sich auf ein anderes Ereignis als die Shoah beziehen und damit als Beispiel eines erweiterten Verständnisses der Theorie betrachtet werden können.

4.2.2 ‚Postmemory' und Shoah in *Aller Tage Abend*

In diesem Abschnitt sollen letztendlich die postmemorialen Verhandlungen der Shoah, die in *Aller Tage Abend* stattfinden, nachgezeichnet werden. Diese sind in den letzten zwei Büchern situiert.

Schließlich wird in einem letzten Intermezzo auch der Tod durch den Treppensturz zurückgenommen und in Buch V das Ende des Lebens durch einen ‚natürlichen' Tod einen Tag nach ihrem 90. Geburtstag erzählt. In diesem Abschnitt des Buches ist der Sohn nun erwachsen und fährt nach Wien. Dort geht er auch an dem Haus vorbei, in dem früher einmal seine Urgroßmutter gelebt hat. Dazu heißt es:

Aber er weiß weder, wer seine Urgroßmutter war, noch, wo sie gewohnt hat [...] Wien ist, was den Mann angeht, von Geschichten ganz und gar reingewaschen, und es hat nicht einmal ein Menschenleben gedauert, bis ihn, den Nachfahren einer Wienerin, diese Stadt nichts mehr angeht. [...] Frei ist er, doppelt frei, in seinem Innern trägt er als ein großes schwarzes Land all die Geschichten, die seine Mutter ihm nicht erzählt hat, mit sich herum, trägt vielleicht sogar diejenigen Geschichten, die nicht einmal seine Mutter wusste oder in Erfahrung gebracht hat, mit sich herum, kann sie nicht loswerden, aber sie auch nicht verlieren, weil er sie gar nicht kennt, weil das in ihm begraben ist, weil er mit Innenräumen, die ihm nicht gehören, schon aus seiner Mutter geschlüpft ist und sein eigenes Inneres nicht anschauen kann.[321]

In dem Fall dieser Figur ist es also so, dass er keine Erinnerung im Sinne einer ‚Postmemory' an die Vergangenheit seiner Großmutter oder Urgroßmutter entwickelt, sondern ganz im Gegenteil nichts über deren Leben weiß. Es wird jedoch beschrieben, wie diese Geschichten dennoch Teil seines Inneren sind, ohne dass er darauf zugreifen kann. Das könnte so gedeutet werden, dass dieser Mann durch das Schweigen seiner Mutter, die ihm etwas über seine Herkunft hätte erzählen können (bzw. durch das Schweigen ihrer Mutter wiederum eben auch nicht), nun Schwierigkeiten hat, sich selbst zu verorten und seine eigene Identität zu finden. Demzufolge lassen sich Parallelen zu Arieh und Dani herstellen und in dem Sinne kann auch hier von Aspekten der ‚Postmemory' gesprochen werden. Das Schweigen stellt

---

[321]   Erpenbeck: Aller Tage Abend, S. 266 f.

einen Teil der Zeugnisse dar und Leerstellen machen somit einen Teil der Überlieferung und der eigenen Herkunftsgeschichte aus. Weiss geht in seinem Aufsatz, in dem er den Text psychoanalytisch liest, auf die Nutzung des Irrealis ein und äußert sich dazu wie folgt:

Die Form des Irrealis [...] dient der Autorin hier dazu, eine Fiktion zu entfalten, die vom Anfang auf das Ende und vom Ende her auf den Anfang zurückkommt. [...] Das beständige Motiv ist das der Wiederkehr und der bevorstehenden Katastrophe [...], die eigentlich schon stattgefunden hat und aus der es kein Entrinnen gibt.[322]

Weiss betont hier das komplizierte Element der Zeitlichkeit sowie das Moment der Katastrophe und dessen Zentralität. Dies schließt sich an Hermann an, die den Pogrom zu Beginn als Vorausdeutung aller folgenden Katastrophen betrachtet. Der Aspekt der Wiederkehr oder der Wiederholung kann hier auch als transgenerationelle Traumatisierung betrachtet werden. Heinz zeigt demnach, wie der Inhalt formal durch die Nutzung des Konjunktivs verstärkt wird. Weiss hebt des Weiteren hervor, dass die Zeit sich in den Geschehnissen verfange und daher nicht in die Kontinuität einer Geschichte übergehen könne.[323] Der Irrealis unterstreicht demzufolge den Umstand, dass das Unbewusste einer Generation sich im Sinne einer ‚Télescopage' in das Unbewusste der nächsten Generation schiebt und dort ein „großes schwarzes Land" hinterlässt.

In diesem Zusammenhang ist es dann auch von Bedeutung, dass diese Leerstellen auf den anfänglichen Pogrom und die dadaurch herbeigeführte Heirat mit einem Christen aus Schutz

---

[322]   Weiss: „Aller Tage Abend", S. 705.
[323]   Vgl. Weiss: „Aller Tage Abend", S. 706.

vor Antisemitismus zurückzuführen sind. Somit hat dieser Pogrom als traumatisierendes Ereignis zu der nicht-Bezeugbarkeit und eben auch zu den Lücken in der Herkunftserzählung und Genealogie geführt, wodurch auch diese Erzählung von Brüchen und Diskontinuitäten geprägt ist.

Etwas später heißt es bezüglich des Sohnes und seiner familiengeschichtlichen Überlieferung:

Wenn er wissen würde, welche Fragen er stellen müsste, und dass überhaupt und wem, dann hätte ein Beamter der Israelitischen Kultusgemeinde von Wien sicher diese oder jene Liste hervorholen und ihm sagen können, dass seine Urgroßmutter mit dem ersten Transport Februar einundvierzig nach Opole im Distrikt Lublin gebracht wurde, seine Großmutter nach sechs Umzügen innerhalb Wiens im Juli zweiundvierzig über Minsk nach Maly Trostinez, und die Tante, die sich noch lange bei der Freundin versteckt gehalten hatte, vierundvierzig nach Auschwitz.[324]

Damit sprengt die Shoah als Zäsur, als singuläres Ereignis, wiederum eine von Diskontinuitäten geprägte Genealogie. Die Urgroßmutter des Mannes hat dafür gesorgt, dass er nun nichts von der Vergangenheit seiner Familie weiß, nichts von ihrer Betroffenheit durch die Shoah mitbekommen hat. Bei seiner Mutter verhält es sich ebenso, sie hat nichts gewusst und konnte deshalb auch nicht Zeugnis ablegen.

Interessant ist, wie sich dieses nicht-Bezeugen auch anhand von Dingen bzw. Gegenständen aufzeigen lässt. Die Goethe-Ausgabe und ihre Funktion als (nicht-)Erinnerungsträger wurde bereits genannt und findet erneut Eingang in das Buch V. Es ist nämlich so, dass der Sohn seiner Mutter etwas aus Wien mitbringen möchte und aus dem Grund einen Altwarenhandel betritt. Dort findet er eine Goethe-Gesamtausgabe:

---

[324] Erpenbeck: Aller Tage Abend, S. 267.

Gern hätte er für sich selbst die Goethe-Ausgabe letzter Hand, die hier erstaunlicherweise vollständig im Regal steht und bestimmt nicht so teuer ist wie in einem richtigen Antiquariat, den 9. Band, der am Rücken leicht abgewetzt ist, zieht er auf gut Glück heraus, blättert ein wenig darin herum, *Lebt wohl*, und stellt den Band dann wieder zurück, denn wie sollte er eine ganze Goethe-Ausgabe im Zug nach Berlin transportieren.[325]

Die Leser_innen wissen im Gegensatz zur Figur, dass die Urgroßmutter diese Gesamtausgabe in einem Koffer auf der Flucht von Galizien nach Wien den ganzen Weg mit genommen hat. Außerdem wissen die Leser_innen auch, wie der 9. Band beschädigt wurde, nämlich bei dem Pogrom in Brody, als ein Stein in das Haus geflogen ist,[326] was der Sohn wiederum nicht weiß. So kann die Ausgabe für ihn nicht als Erinnerungsträger fungieren, obwohl, so scheint es, hier ein Zeugnis für die Gewalttat vorliegt; eine verkörperte Erinnerung: Das Buch steht ein für die zu bezeugende Tat, doch der Sohn kann das Zeugnis nicht entziffern, weil die Erinnerung in der Familie nicht weitergegeben wurde, um die Nachkommen zu schützen. Es wird hier erneut deutlich, dass ein Zeugnis sich erst manifestieren kann, wenn jemand da ist, um zuzuhören und es als ein solches anzunehmen.

Schließen möchte ich diese Ausführungen mit einem Gespräch zwischen der sehr alten Protagonistin und ihrem Sohn kurz vor ihrem Tod: „Weißt du, sagt sie, ich habe Angst, dass alles verlorengeht – dass die Spur verlorengeht. Welche Spur, fragt der Sohn. Ich weiß nicht mehr, woher und wohin. Der Sohn schweigt."[327] Der Sohn, welcher seine Mutter hier schon für etwas wirr oder senil hält,[328] hat in Wirklichkeit die Spur schon

---

[325] Erpenbeck: Aller Tage Abend, S. 268.
[326] Vgl. Erpenbeck: Aller Tage Abend, S. 19.
[327] Erpenbeck: Aller Tage Abend, S. 278.
[328] Vgl. Erpenbeck: Aller Tage Abend, S. 279.

längst verloren, es könnte gesagt werden, dass seine Urgroßmutter, die Großmutter der Protagonistin ihr Bestes gegeben hat, um
die Spuren zu verwischen.

‚Postmemory' besteht in diesem Text gewissermaßen nur aus
Schweigen und kann deshalb nicht eigentlich eine Erinnerung
konstruieren. Doch die Leerstellen schreiben sich ins Unbewusste der nachfolgenden Generationen ein, werden also transgenerationell übertragen und führen zu einem „schwarzen Land"
im eigenen Inneren.

5 Fazit

Hier möchte ich noch einmal die wichtigsten Ergebnisse der literarischen Analyse darlegen und Antworten auf eingangs gestellte Fragen anbieten.

Zeug_innenschaft, so hat sich gezeigt, stellt einen Topos dar, der in der Fachliteratur seit den 1980er Jahren stark vertreten ist, vor allem in Hinblick auf ein mögliches Bezeugen der Shoah. Dieses Thema gewinnt seit den 2000er Jahren noch einmal an Aktualität, da ein Ende der Zeitzeug_innengeneration in absehbare Nähe gerückt ist, weswegen mir das Thema auch so wichtig ist. Das ist auch von besonderer Brisanz, da den Überlebenszeugnissen eine Autorität durch Authentizität zugesprochen wird, die von Menschen, die die Shoah nicht selbst miterlebt haben, so nicht zu erreichen ist. Es konnte auch gezeigt werden, dass der Wert von Überlebenszeugnissen gerade nicht in ihrer Neutralität und ihrer Objektivität liegt, sondern darin, dass etwas Erlebtes anderen erfahrbar wird, was wiederum Möglichkeiten für Literatur eröffnet. Die ausgewählten Texte konnten, so finde ich, Zeugnis ablegen von der Shoah in dem Sinne, dass sie die Erfahrungen einiger Zeitzeug_innen und deren Nachkommen schildern. Leser_innen werden so zu Adressat_innen der Zeugnisse und können sie dadurch erfahren.

Denn wichtig für Zeugnisse ist vor allem, dass jemand da ist, um sie anzuhören. Das Zeugnis konstituiert sich in seinem dialogischen Charakter und es ist ihm demnach eine Fortzeugung, eine Weitergabe der Zeug_innenschaft inhärent. Doch dieses dialogische Moment kann immer wieder zu (Re-)Traumatisierungen auf beiden Seiten führen. Vor allem innerfamiliär kann so eine Weitergabe von Zeug_innenschaft erschwert werden und es entstehen beispielsweise transgenerationelle Traumatisierungen oder transgenerationelle Übertragungen, die auf Seiten der Kinder Symptome einer ‚Postmemory‘ auslösen können. So konnte die Frage nach einer möglichen transgenerationellen Weitergabe von Zeug_innenschaft in Verbindung mit Momenten der ‚Postmemory‘ produktiv gemacht werden und es hat sich gezeigt, dass der Themenkomplex der Zeug_innenschaft und der der ‚Postmemory‘ eine interessante Schnittmenge ergeben.

Besonders am Beispiel der Figur des Dov Zedek aus *Andernorts* konnte die doppelte Bedeutung des Wortes Zeugen unterstrichen werden. Dieser übernimmt als jemand, der als Exilant nach Israel ausreisen konnte, später die Aufgabe der Zeug_innenschaft, indem er als Zeitzeuge auftritt und auch Jugendreisen nach Auschwitz organisiert. Er übernimmt diese Rolle gewissermaßen für Felix Rosen, welcher als zu traumatisiert dargestellt wird, um selbst als Zeitzeuge die Shoah zu bezeugen. Dies lässt sich als sekundäre Zeug_innenschaft betrachten. Allerdings wirkt auch diese retraumatisierend. Gleichzeitig zeugt Zedek ein Kind für Felix, welcher vermutlich aufgrund seiner Lagererfahrung nicht zeugungsfähig ist. Auch dies wie gesagt im doppelten Sinn. Ethan als der Sohn dieser beiden Männer sieht sich also mit den Folgen von durchbrochenen Genealogien konfrontiert und setzt sich mit Erinnerungsdiskursen auseinander. In diesem Text zeigen sich neben Schwierigkeiten der Zeug_innenschaft auch viele Möglichkeiten, da Dov Zedek als doppelter Zeuge auftritt.

Des Weiteren hat eine Beschäftigung mit der Theorie gezeigt, dass die Überlebenden und auch die Nachkommen von Überlebenden sicherlich eine privilegierte Position bezüglich des Bezeugens einnehmen, die aber auch immer damit verbunden ist, dass für sie keine Wahl besteht. Dani und Arieh konnten als Beispiel dafür herangezogen werden. Die beiden Protagonisten aus *Suche nach M.* konnten sich nicht aussuchen, ob sie sich dafür interessieren, sich mit der Shoah auseinanderzusetzen, sondern eine Beschäftigung mit der Vergangenheit ihrer Eltern war für sie unhintergehbar; Dani z. B. hat einen extrem starken Zwang verspürt, Zeugnis abzulegen.

Während der Arbeit an diesem Text und mit den Theorien der Zeug_innenschaft wurde es für mich außerdem immer deutlicher, dass es von Bedeutung ist, sich klar zu machen, welcher Sphäre die verwendeten Begrifflichkeiten angehören. Der Begriff des Zeugnisses lässt zunächst an die Sphäre des Rechts denken. Doch es konnte der Begriff des ‚moralischen Zeugen‘ nach Assmann fruchtbar gemacht werden, die diesen für die Überlebenszeug_innen entwickelt hat. Das Besondere daran ist die Vorstellung der Entwicklung einer moralischen Gemeinschaft, die noch in der Zukunft liegt. Daraus lässt sich vor allem unter Berücksichtigung des zeitlichen Abstandes und dem Ende der Zeitzeug_innengeneration ein Appell an die gegenwärtige und zukünftige Gesellschaft ableiten, sich mit der Frage nach möglicher Erinnerung und Zeug_innenschaft der Shoah auseinanderzusetzen.

Am Beispiel der Texte von Jenny Erpenbeck konnte gezeigt werden, dass Literatur eine Möglichkeit des Bezeugens im Sinne eines solchen moralischen Zeugnisses darstellen kann. Ihre Texte können als Erinnerungsorte betrachtet werden, die in Archiven gefundene Informationen mittels Narration bzw. Literatur in moralische Zeugnisse übersetzen. Diesen ist eigen, dass sie ein Ereignis erfahrbar machen. Dies eröffnet nicht nur der Literatur innewohnende Möglichkeiten einer Zeug_innenschaft, sondern auch Vorteile, die sich aus dem zeitlichen Abstand ergeben.

In *Aller Tage Abend* zeigen sich vor allem die Schwierigkeiten einer transgenerationellen Weitergabe von Erinnerung in abgebrochenen Genealogien aufgrund von traumatischen Ereignissen. Dabei konnte das Phänomen der ‚Postmemory‘ in einen größeren Zusammenhang gestellt werden. So konnte nicht nur die Theorie auf die Literatur bezogen werden, sondern die Literatur hat auch auf die Theorie zurückgewirkt.

Gebrochene und diskontinue Genealogien spielen in allen behandelten Texten eine Rolle. Dies spiegelt sich auch auf narratologischer Ebene wider, da die Texte mit Erzählern arbeiten, die keine eindeutige Sichtweise als die richtige markieren. In *Heimsuchung* und *Suche nach M.* ist jeweils noch die fragmentarische Erzählweise hervorzuheben, die die inhaltliche Ebene unterstreicht und die Polyvalenz hervorhebt.

Es hat sich auch gezeigt, dass Genealogien sich immer mehr ausdifferenzieren und eine Einordnung auf die Seite der Opfer oder der Täter_innen von Generation zu Generation weniger eindeutig möglich ist und sein wird. Auch Rudi Klausinger aus *Andernorts* kann als Beispiel dafür dienen, dass eine einfache Einordnung in familiäre Zusammenhänge nicht immer möglich ist: Ist er jetzt Sohn eines Überlebenden? Hat er deswegen andere Möglichkeiten und Probleme, zu bezeugen? Sicher ist, dass auch er von der Geschichte der Shoah affiziert ist. Über eine mögliche Zeug_innenschaft einer dritten oder noch späteren Generation lässt sich daher sagen, dass diese ein erweitertes Verständnis einer ‚Postmemory‘ mit sich bringt. Hirsch selbst hat die Prognose aufgestellt, dass sich ‚Postmemory‘ von ‚Memory‘ trennen wird. Insgesamt möchte ich den Vorschlag anbringen, die Theorie der ‚Postmemory‘ auch gesamtgesellschaftlich zu betrachten und anzunehmen.

Biendarra schreibt über die dritte Generation und vor allem Erpenbeck Folgendes:

Jenny Erpenbeck und andere Autoren der dritten Nachkriegs-
generation markieren demnach den Übergang von einer Erinnerungskultur zu einer „post-memorial culture", die von Prozessen
der Vermittlung und der Imagination geprägt ist.[329] Erpenbecks
besonderer Beitrag zu diesem Diskurs besteht in der imaginati-
ven Gestaltung von Erinnerungsräumen.[330]

Eine solche „post-memorial culture" würde also eine Kultur
der Nacherinnerung bezeichnen, die sich mit genau den Thema-
tiken, die hier besprochen worden sind, weiter beschäftigen
müsste.

Insgesamt lässt sich also eine gesamtgesellschaftliche Verantwortung feststellen, mit dem Ende der Zeitzeug_innengenera-
tion umzugehen und dazu beizutragen, mithilfe des Bezeugens
eine moralische Gemeinschaft nach Auschwitz zu konstituieren.
Auch in Hinblick auf andere gesellschaftliche Krisen und Kon-
flikte sollte der Appell ausgesprochen werden, für Zeug_innen
zu zeugen, um letztendlich immer die Möglichkeit einer
Zeug_innenschaft und damit auch einer Fortzeugung von Erinnerung zu generieren.

Allerdings muss nichtsdestotrotz ein Bewusstsein für die
Singularität von Überlebenszeugnissen bestehen bleiben. Auch
die Problematik des Begriffs der Verantwortung muss mitgedacht werden. Mit Agamben konnte gezeigt werden, dass für die
Opfer der Shoah keine Verantwortung übernommen werden
kann, weil sie einfach zu groß ist, um je übernommen werden zu
können. Dies muss bei Fragen des Gedenkens mitreflektiert und
ausgehalten werden.

---

[329] Hier bezieht sie sich auf Anne Fuchs. Vgl. Fuchs, Anne: Phantoms
of War in Contemporary German Literature, Films, and Discourse.
The Politics of Memory. Basingstoke/New York 2008, S. 5, zitiert
nach Biendarra: Jenny Erpenbecks Romane, S. 128.

[330] Biendarra: Jenny Erpenbecks Romane, S. 128.

Literaturverzeichnis

Primärliteratur:

Erpenbeck, Jenny: Aller Tage Abend. Btb: München 2014.
Erpenbeck, Jenny: Heimsuchung. Btb: München 2010.
Rabinovici, Doron: Andernorts. Suhrkamp: Berlin 2012.
Rabinovici, Doron: Ohnehin. Suhrkamp: Frankfurt a. M. 2005.
Rabinovici, Doron: Suche nach M. Suhrkamp: Frankfurt a. M. 1999.

Sekundärliteratur:

Adorno, Theodor W.: Negative Dialektik. Jargon der Eigentlichkeit [1966]. In: Ders.: Gesammelte Schriften, hg. v. Rolf Tiedemann, Bd. 6. Frankfurt a. M. 1973.

Agamben, Giorgio: Was von Auschwitz bleibt. Das Archiv und der Zeuge. Homo Sacer III [1998]. Frankfurt a. M. 2003.

Assmann, Aleida: Vier Grundtypen von Zeugenschaft. In: Elm, Michael/Kößler, Gottfried (Hg.): Zeugenschaft des Holocaust. Zwischen Trauma, Tradierung und Ermittlung. Frankfurt a. M. 2007, S. 33–51.

Baer, Ulrich: Einleitung. In: Ders. (Hg.): „Niemand zeugt für den Zeugen". Erinnerungskultur und historische Verantwortung nach der Shoah. Frankfurt a. M. 2000, S. 7–31.

Behrisch, Sven: Rabinovici, Doron. In: Killy Literaturlexikon. Autoren und Werke des deutschsprachigen Kulturraumes. 2., vollständig überarbeitete Aufl. Berlin/New York 2010, S. 386–387.

Beilein, Matthias: Unter falschem Namen. Schweigen und Schuld in Doron Rabinovicis *Suche nach M.* In: Monatshefte für deutschsprachige Literatur und Kultur 97/2 (2005), S. 250–269.

Biendarra, Anke S.: Jenny Erpenbecks Romane *Heimsuchung* und *Aller Tage Abend* als europäische Erinnerungsorte. In: Marx, Friedhelm/Schöll, Julia (Hg.): Wahrheit und Täuschung. Beiträge zum Werk Jenny Erpenbecks. Göttingen 2014, S. 125-143.

Bischoff, Doerte: Herkunft und Schuld. Identitätsverhandlungen in Doron Rabinovicis *Suche nach M.* In: Dies. (Hg.): Herkünfte. Beiträge zu einer Tagung aus Anlaß des 60. Geburtstags von Bernhard Greiner. Heidelberg 2004, S. 249–279.

Caruth, Cathy: Trauma als historische Erfahrung. Die Vergangenheit einholen. In: Baer, Ulrich (Hg.): „Niemand zeugt für den Zeugen". Erinnerungskultur und historische Verantwortung nach der Shoah. Frankfurt a. M. 2000, S. 84–98.

Claussen, Detlev: Nach Auschwitz. Über die Aktualität Adornos. In: Köppen, Manuel (Hg.): Kunst und Literatur nach Auschwitz. Berlin 1993, S. 16–22.

Derrida, Jacques: Bleibe. Maurice Blanchot [1998], hg. v. Peter Engelmann. Wien 2003.

Döbler, Katharina: Großmutters klein Häuschen. In: Die Zeit 23 (2008). Unter: http://www.zeit.de/2008/23/L-Erpenbeck-NL [gesehen: 26.02.2016].

Felman, Shoshana: Im Zeitalter der Zeugenschaft. Claude Lanzmanns *Shoah.* In: Baer, Ulrich (Hg.): „Niemand zeugt für den Zeugen". Erinnerungskultur und historische Verantwortung nach der Shoah. Frankfurt a. M. 2000, S. 173–193.

Freud, Sigmund: Das Unheimliche [1919]. In: Ders.: Studienausgabe IV. Psychologische Schriften, hg. v. Alexander Mitscherlich, Angela Richards u. James Strachey. Frankfurt a. M. 1970, S. 241–274.

Freud, Sigmund: Der Mann Moses und die monotheistische Religion. Schriften über Religion [1939]. Frankfurt a. M. 1975.

Freud, Sigmund: Erinnern, Wiederholen und Durcharbeiten [1914]. In: Ders.: Gesammelte Werke Bd. X (1913–1917), hg. v. Anna Freud, Edward Bibring, Willi Hoffer, Ernst Kris und Otto Isakower. Frankfurt a. M. ⁷1981, S. 126–136.

Freund, Winfried: „Keine Verstellungen mehr …". Doron Rabinovicis „Suche nach M.". In: Ders./Freund, Wieland (Hg.): Der deutsche Roman der Gegenwart. München 2001, S. 183–188.

Gampel, Yolanda: Können diese Wunden heilen? In: Hardtmann, Gertrud (Hg.): Spuren der Verfolgung. Seelische Auswirkungen des Holocuast auf die Opfer und ihre Kinder. Gerlingen 1992, S. 119–136.

Guenther, Christina: Changing Places in Doron Rabinovici's *Andernorts*. In: A Journal of Germanic Studies 49/4 (2013), S. 385–399.

Hartman, Geoffrey: Intellektuelle Zeugenschaft und die Shoah. In: Baer, Ulrich (Hg.): „Niemand zeugt für den Zeugen". Erinnerungskultur und historische Verantwortung nach der Shoah. Frankfurt a. M. 2000, S. 35–52.

Hermann, Iris: Heimsuchung in Jenny Erpenbecks Roman *Aller Tage Abend*. In: Marx, Friedhelm/Schöll, Julia (Hg.): Wahrheit und Täuschung. Beiträge zum Werk Jenny Erpenbecks. Göttingen 2014, S. 145–156.

Hermann, Iris: Jüdische Besonderheit? Romane von Robert Schindel („Gebürtig"), Doron Rabinovici („Ohnehin") und Maxim Biller („Die Tochter"). In: Der Deutschunterricht 60/4 (2008), S. 73–79.

Hirsch, Marianne: Family frames. Photography, narrative, and postmemory. Cambridge 1997.

Hirsch, Marianne: Past lives: Postmemories in Exile. In: Suleiman, Susan Rubin (Hg.): Exile and creativity. Signposts, travelers, outsiders, backward glances. Durham/London 1998, S. 419–446.

Hirsch, Marianne: The Generation of postmemory. In: Poetics Today 29/1 (2008), S. 103–128.

Hirsch, Marianne: The Generation of postmemory. Writing and visual culture after the Holocaust. New York 2012.

Hofmann, Franck: Generation. In: Metzler Literatur Lexikon. Begriffe und Definitionen. 3., völlig neu bearbeitete Aufl. Stuttgart 2007, S. 273–274.

Jureit, Ulrike: Generationenforschung. Göttingen 2006.

Kilcher, Andreas: Rabinovici, Doron. In: Metzler Lexikon der deutsch-jüdischen Literatur. Jüdische Autorinnen und Autoren deutscher Sprache von der Aufklärung bis zur Gegenwart, 2., aktual. Und erw. Aufl. Stuttgart 2012, S. 413–415.

Krochmalnik, Daniel: Pflicht Nr. 122. Das Zeugnisgebot *(Mizwat Edut)* in Geschichte und Gegenwart. In: Elm, Michael/Kößler, Gottfried (Hg.): Zeugenschaft des Holocaust. Zwischen Traume, Tradierung und Ermittlung. Frankfurt a. M. 2007, S. 19–32.

Laub, Dori: Zeugnis ablegen oder Die Schwierigkeiten des Zuhörens. In: Baer, Ulrich (Hg.): „Niemand zeugt für den Zeugen". Erinnerungskultur und historische Verantwortung nach der Shoah. Frankfurt a. M. 2000, S. 68–83.

Levi, Primo: Die Untergegangenen und die Geretteten [1986]. München/Wien: 1990.

Levi, Primo: Ist das ein Mensch? Erinnerungen an Auschwitz [1958]. Erweiterte Neuausg. Frankfurt a. M. 1979.

Lorenz, Dagmar C. G.: Verbrecher sind wir uns selbst. Täter und Verbrechenssuche in der Fiktion jüdischer Autoren in Österreich: Robert Schindel und Doron Rabinovici. In: Wiesinger, Peter (Hg.): Akten des X. Internationalen Germanistenkongresses Wien 2000. „Zeitwende

– Die Germanistik auf dem Weg vom 20. ins 21. Jahrhundert". Bern/Berlin/Bruxelles/Frankfurt a. M. 2002, S. 269–272.

Lőrincz, Csongor: Zeugnisgaben der Literatur. Zeugenschaft und Fiktion als sprachliche Ereignisse. Bielefeld 2016.

Margalit, Avishavi: The Ethics of Memory. Cambridge 2002.

Meyer, Franziska: Sommerhaus, früher. Jenny Erpenbecks „Heimsuchung" als Korrektur von Familienerinnerungen. In: Gegenwartsliteratur. Ein germanistisches Jahrbuch 11 (2012), S. 324-343.

Michaelis, Andree: Die Autorität und Authentizität der Zeugnisse von Überlebenden der Shoah. Ein Beitrag zur Diskussionsgeschichte der Figur des Zeugen. In: Krämer, Sybille/Schmidt, Sybille/Voges, Ramon (Hg.): Politik der Zeugenschaft. Zur Kritik einer Wissenspraxis. Bielefeld 2011, S. 265–284.

Mueller, Agnes C.: „Die jüdische Mutter" in Jenny Erpenbecks Roman *Aller Tage Abend*. In: Marx, Friedhelm/Schöll, Julia (Hg.): Wahrheit und Täuschung. Beiträge zum Werk Jenny Erpenbecks. Göttingen 2014, S. 157–167.

Niefanger, Dirk: „Wie es gewesen sein wird". Opfer und Täter bei Doron Rabinovici. In: Bayer, Gerd/Freiburg, Rudolf (Hg.): Literatur und Holocaust. Würzburg 2009, S. 193–212.

Parnes, Ohad/Vedder, Ulrike/Willer, Stefan: Das Konzept der Generation. Eine Wissenschafts- und Kulturgeschichte. Frankfurt a. M. 2008.

Probst, Inga: Auf märkischem Sand gebaut. Jenny Erpenbecks „Heimsuchung" zwischen verorteter und verkörperter Erinnerung. In: Erdbrügger, Torsten/Nagelschmidt, Ilse/Probst, Inga (Hg.): Geschlechtergedächtnisse. Gender-Konstellationen und Erinnerungsmuster in Literatur und Film der Gegenwart. Berlin 2010, S. 67-88.

Rabinovici, Doron: Sprache und Schuld. In: Kilcher, Andreas/Mahlmann, Matthias/Müller Nielaba, Daniel (Hg.): „Fechtschulen und phantastische Gärten": Recht und Literatur. Zürich 2013, S. 37–55.

Rabinovici, Schoschana: Dank meiner Mutter [1991]. Frankfurt a. M. 1994.

Reichwein, Marc: Erpenbeck, Jenny. In: Killy Literatur Lexikon. Autoren und Werke des deutschsprachigen Kulturraumes. 2., vollständig überarbeitete Aufl. Berlin 2008, S. 320–321.

Schmidt, Sybille: Was bezeugt Literatur? Zum Verhältnis von Literatur und Fiktion. In: Nickel, Claudia/Ortiz Wallner, Alexandra (Hg.): Zeugenschaft. Perspektiven auf ein kulturelles Phänomen. Heidelberg 2014, S. 181–191.

Schmidt, Sybille: Wissensquelle oder ethisch-politische Figur? Zur Synthese zweier Forschungsdiskurse über Zeugenschaft. In: Krämer, Sybille/Schmidt, Sybille/Voges, Ramon (Hg.): Politik der Zeugenschaft. Zur Kritik einer Wissenspraxis. Bielefeld 2011, S. 47–66.

Schneider, Christian: Trauma und Zeugenschaft. Probleme des erinnernden Umgangs mit Gewaltgeschichte. In: Elm, Michael/Kößler, Gottfried (Hg.): Zeugenschaft des Holocaust. Zwischen Traume, Tradierung und Ermittlung. Frankfurt a. M. 2007, S. 157–175.

Schöll, Julia: Wörter und Dinge. Jenny Erpenbecks Text- und Objektästhetik. In: Marx, Friedhelm/Schöll, Julia (Hg.): Wahrheit und Täuschung. Beiträge zum Werk Jenny Erpenbecks. Göttingen 2014, S. 37–53.

Schubert: Katja: Notwendige Umwege. Voies de traverse obligées. Gedächtnis und Zeugenschaft in Texten jüdischer Autorinnen in Deutschland und Frankreich nach Auschwitz. Hildesheim/New York/Zürich 2001.

Schuchmann, Kathrin: „Die Zeit scheint ihr zur Verfügung zu stehen wie ein Haus". Heimat und Erinnerung in Jenny Erpenbecks „Heimsuchung". In: Zagreber Germanistische Beiträge 22 (2013), S. 53-69.

Stegmann-Meißner, Heidemarie: Erpenbeck, Fritz. In: Killy Literatur Lexikon. Autoren und Werke des deutschsprachigen Kulturraumes. 2., vollständig überarbeitete Aufl. Berlin 2008, S. 320.

Weigel, Sigrid: „Generation" as a Symbolic Form: On the Genealogical Discourse of Memory since 1945. In: The Germanic Review: Literature, Culture, Theory 77/4 (2002), S. 264–277.

Weigel, Sigrid: Télescopage im Unbewußten. Zum Verhältnis von Trauma, Geschichtsbegriff und Literatur. In: Koch, Gertrud (Hg.): Bruchlinien. Tendenzen der Holocaustforschung. Köln 1999, S. 255–279.

Weiss, Heinz: „Aller Tage Abend" – Anmerkungen zu Jenny Erpenbecks Roman über das Rätsel der Zeit. In: Psyche – Z Psychoanal 68 (2014), S. 704–712.

Young, James E.: Beschreiben des Holocaust [1988]. Frankfurt a. M. 1992.

Zinner, Hedda: Auf dem roten Teppich. Erfahrungen, Gedanken, Impressionen. Berlin 1978.

Wikipedia: Scharmützelsee, unter: https://de.wikipedia.org/wiki/Scharm%C3%BCtzelsee [gesehen: 11.08.2016].

Verena Schneider

LEIDBILDER

Sex-Zwangsarbeit in nationalsozialistischen
Lagerbordellen in Erinnerung und Forschung

marta
press

Marta Press, 2017, 168 Seiten, ISBN: 978-3-944442-72-3
22,00 € (D), 24,00 € (AT), 26,00 CHF UVP (CH)

Laura Bensow

„Frauen und Mädchen, die Juden sind Euer Verderben!"

Eine Untersuchung antisemitischer NS-Propaganda unter Anwendung der Analysekategorie Geschlecht

Marta Press, 2016, 364 Seiten, ISBN: 978-3-944442-48-8
42,00 € (D), 43,00 € (AT), 45,00 CHF UVP (CH)

www.ingramcontent.com/pod-product-compliance
Lightning Source LLC
Chambersburg PA
CBHW030851270326
41928CB00008B/1315